新文科背景下知识产权专业人才培养创新研究

主　编⊙杨和义
副主编⊙焦海洋

西南交通大学出版社
·成　都·

图书在版编目（CIP）数据

新文科背景下知识产权专业人才培养创新研究 / 杨和义主编．—成都：西南交通大学出版社，2023.6
ISBN 978-7-5643-9326-7

Ⅰ．①新… Ⅱ．①杨… Ⅲ．①高等学校－知识产权－人才培养－研究－中国 Ⅳ．①D923.404

中国国家版本馆 CIP 数据核字（2023）第 101213 号

Xin-wenke Beijing xia Zhishi Chanquan Zhuanye Rencai Peiyang Chuangxin Yanjiu

新文科背景下知识产权专业人才培养创新研究

主编 杨和义

责任编辑	周媛媛
封面设计	墨创文化
出版发行	西南交通大学出版社 （四川省成都市金牛区二环路北一段 111 号 西南交通大学创新大厦 21 楼）
发行部电话	028-87600564 028-87600533
邮政编码	610031
网址	http://www.xnjdcbs.com
印刷	成都市新都华兴印务有限公司
成品尺寸	170 mm × 230 mm
印张	10.25
字数	151 千
版次	2023 年 6 月第 1 版
印次	2023 年 6 月第 1 次
书号	ISBN 978-7-5643-9326-7
定价	46.00 元

编 委 会

PREFACE

前　言

百年大计，教育为本。高校肩负着为党育人，为国育才的光荣使命。人才培养应当适应党和国家事业发展的需要。

2019 年 4 月，教育部、科技部等 13 个部门联合启动“六卓越一拔尖”计划 2.0，要求全面推进新文科建设。2020 年 11 月，教育部新文科建设工作组发布的《新文科建设宣言》提出，“构建世界水平、中国特色的文科人才培养体系，要求强化价值引领、夯实课程体系、推动模式创新、打造质量文化，强调进一步打破学科专业壁垒，推动文科专业之间深度融通、文科与理工农医交叉融合，融入现代信息技术赋能文科教育”。2020 年 5 月，教育部发布的《高等学校课程思政建设指导纲要》提出“高等学校人才培养是育人和育才相统一的过程。要牢固确立人才培养的中心地位，围绕构建高水平人才培养体系，不断完善课程思政工作体系、教学体系和内容体系”。2021 年 9 月，中共中央、国务院发布的《知识产权强国建设纲要（2021—2035 年）》提出，“营造更加开放、更加积极、更有活力的知识产权人才发展环境”。2022 年 1 月，国家知识产权局发布的《知识产权人才“十四五”规划》指出，“知识产权人才是发展知识产权事业的第一资源，是知识产权高质量发展的先决条件，是知识产权强国建设的战略支撑”，并具体提出了知识产权人才工作的总体要求和主要任务。

为此，法学和知识产权专业人才的培养应当根据上述要求进行调适。本论文集回应了如何创新人才培养模式，如何建设课程思政，如何完善课程体系，如何调整教学方法等现实问题和热点问题。论文集收录的全部论文由重庆工商大学法学与社会学学院教学经验丰富的教师结合自身教学实践或最新的科研成果撰写完成。总之，本论文集能为法学类人才培养模式的创新、课程思政的实施、课程体系的完善和教学方法的调整提供初步建议。当然，因研究视角、专业背景等因素的影响，论文集收录的论文存在疏漏之处，恳请广大读者批评指正！

最后，感谢重庆工商大学对本书出版的支持，感谢法学重庆市重点学科建设经费（经费号：63201503818）对本书出版的资助，感谢成都西南交大出版社为本书提供出版的机会，感谢编辑为本书出版的辛勤付出，感谢领导及同事们的帮助！

本书编委会

2023 年 5 月 6 日

CONTENTS

目 录

论知识产权专业本科教育专业知识培养目标定位现状与建议

◎ 杨和义

【摘　要】随着《知识产权强国建设纲要（2021—2035 年）》的颁布，我国知识产权国家战略进入一个崭新的时代，对知识产权专业本科教育提出了新的更高的内在需求。到 2021 年年底，全国有 105 所大学从事知识产权专业本科教育，自 2003 年全国开始第一个知识产权专业本科教育后近 20 年间，教育规模和质量取得有目共睹的发展。知识产权专业本科教育是知识产权高层次专业人才培养的基础教育，其专业知识培养目标定位是否科学合理和实现度的高低决定人才培养专业水平的高低和成败。对于知识产权专业本科教育专业知识培养目标定位，学界缺乏深入研究，有关规范也缺乏明确规定。此种状况与知识产权专业本科教育服务知识产权强国建设和"双一流"建设双重国家战略不相适应。大学各专业特有的知识是不同专业存在的基础、区别的标志，科学合理确定知识产权专业本科教育专业知识培养目标定位，建议遵循如下原则：专业知识广度面向职业、专业知识深度重在基础、专业知识融合职业技能、遵规求同并举特色创新。

【关键词】知识产权；本科教育；专业知识；培养目标

作者简介：杨和义，男，1963 年出生，重庆工商大学教授，法学博士，北海道大学访问学者，大阪大学特任教授，中国法学会知识产权法研究会理事、重庆市知识产权研究会副会长，主要从事知识产权法的教学研究和法学类人才培养研究。

党的二十大报告提出，必须坚持人才是第一资源，深入实施人才强国战略。加强知识产权法治保障，形成支持全面创新的基础制度。建设中国特色、世界水平的知识产权强国和建设世界一流大学一流学科是重大战略部署。知识产权专业本科教育培养知识产权专业基础人才，服务知识产权法治保障、知识产权强国战略和人才强国战略；知识产权专业建设是所属学科建设的一部分，服务“双一流”建设战略。有关知识产权专业[①]人才培养在20世纪90年代就有学者撰文讨论[②]，但迄今对知识产权专业本科教育专业知识培养目标定位缺乏深入研究，各类规范缺乏明确规定。知识产权专业本科教育专业知识培养目标定位的科学性和实现度决定本专业人才培养质量和成功度。本文以服务知识产权强国建设和“双一流”建设双重国家战略为目标，讨论知识产权专业本科教育专业知识培养目标定位的现状并提出建议。

一、学界聚焦学科属性专业归类

知识产权学的性质地位一直以来都有分歧。有人认为，“知识产权专业作为法学类专业之一，培养的人才须具备标准规定的基本素质。知识产权是集理工、法律、管理、经济、信息、外语于一体的综合性学科”[③]。有人认为，“知识产权是一门涵盖法律、管理、科技、经济、谈判技巧等多领域的学科”[④]。

---

① 尽管学科和专业意涵不同，但许多学者同时讨论知识产权学科和专业，不严格区分此二者。在经中央全面深化改革领导小组审议通过、2015年由国务院办公厅发布的《统筹推进世界一流大学和一流学科建设总体方案》中，没有界定学科和专业，但从“积极引入专门机构对学校的学科、专业、课程等水平和质量进行评估”表述中，正向可以看出，学科外延大于专业，专业外延大于课程；逆向可以看出，课程组成专业，专业组成学科。教育部、财政部、国家发展改革委2022年1月在《关于深入推进世界一流大学和一流学科建设的若干意见》中，也是“学科”“专业”并用，学科在前，专业在后。有学者就学科和专业的区别指出，“学科是科学学的概念，它既是指一个知识体系，又是指一种学术制度。专业是社会学的概念，其意是专门学业或专门职业”。参见周光礼：《“双一流”建设中的学术突破——论大学学科、专业、课程一体化建设》，《教育研究》，2016年第3期，第72页。

② 参见陈美章：《我国知识产权教育与人才培养》，《知识产权》，1993年第2期，第3-6页。

③ 贺志丽：《知识产权专业本科人才培养路径研究》，《教育现代化》，2016年第21期，第7页。

④ 肖海、左荣昌：《知识产权人才培养模式研究》，《长春师范大学学报》，第35卷第11期，第59页。

有人认为，“根据目前国内人才培养和社会需求状况，率先在法学一级学科和管理学一级学科下分别设置知识产权法学和知识产权管理两个二级学科不失为适当选择”①。有人认为，“知识产权学科目前主要以法学、管理科学与工程、工商管理、公共管理学和经济学等一级学科项下自主设立的二级学科形式生存并发展”②。根据学者调查，到 2021 年年底，“还没有高校在经济学的学科门类体系中设置知识产权相关的二级学科”③。有人认为，“在中国，以知识产权为对象的科学，属于法律科学的分支”“无论是欧美发达国家还是广大发展中国家的法律，还是知识产权国际公约，以及相应的学科建设，无一例外”④，不赞同将知识产权建立为与法学并列的一级学科。

知识产权专业归类不同。根据 2021 年 12 月教育部发布的《教育部关于公布 2021 年度普通高等学校本科专业备案和审批结果的通知》，新增太原师范学院等 6 所高校开设知识产权专业，撤销淮北理工学院开设的知识产权专业。⑤自 2003 年教育部批准在华东政法大学设立知识产权专业以来，到 2021 年 12 月为止，经教育部批准或者备案，全国有 105 所高校从事知识产权专业本科教育。现全国高校知识产权专业本科教育多以法学学科为基础设置，也有学校以管理学学科为基础设置。有人认为，知识产权人才培养在不同高校、不同学历教育、不同专业之间实行错位发展，一个学校可以选择现有适于承担既定的知识产权人才培养任务的一个或者几个专业培养知识产权人才，如无，可以整合现有资源，在此基础上设置新的专业。⑥

知识产权专业本科知识混乱。有人认为，知识产权人才“除了掌握法学

① 钱建平：《知识产权人才的知识结构与人才培养模式研究》，《中国大学教学》，2013 年第 11 期，第 36 页。

② 朱雪忠、杨静：《制度掣肘与供给不足：中国知识产权学科向何处去》，《知识产权》，2018 年第 10 期，第 27 页。

③ 余俊：《面向知识产权强国建设的知识产权学科治理现代化》，《知识产权》，2021 年第 12 期，第 7 页。

④ 刘春田：《论知识产权学科的性质与地位》，《版权理论与实务》杂志微信公众号，https://mp.weixin.qq.com/s/iBIJEhOWfk8a429ZqJjuYw，2022 年 5 月 10 访问。

⑤ 教育部：《教育部关于公布 2021 年度普通高等学校本科专业备案和审批结果的通知》（教高函〔2021〕14 号）。

⑥ 参见钱建平：《论高校对知识产权人才的错位培养》，《江苏社会科学》，2010 年第 6 期，第 255-256 页。

的基础知识外，还应当能够理解文、理、工、医、管等学科的基本原理和前沿、动态，成为懂法律、懂科技、懂经济、懂管理的复合型人才”[①]。有人认为，“本科层次知识产权人才应当以知识产权法学理论、知识产权代理实务和标准理论为基础，以知识产权和标准的国际保护为指向，以提升知识产权和标准的国际保护水平为目标，适应社会主义现代化建设需要、德智体美全面发展，具备系统的知识产权法学、知识产权管理学和标准化理论等专业理论知识，具备一定的理工科知识背景并能够读懂科技文献，具备较强学习能力和知识产权实务能力”[②]。对我国知识产权本科教育存在的问题，有人认为，“目前知识产权人才培养教育定位不明确、学科设置不合理、重理论轻实践”[③]。

从现有文献可知，学界对知识产权专业本科教育专业知识培养目标定位缺乏聚焦讨论。

二、高阶位规范尚缺乏明确规定

专业知识培养目标至关重要。本科教育专业知识培养目标定位的科学性及实现程度决定其专业教育质量。大学的首要使命是培养人才，专业是大学人才培养的最基本组织单元，大学专业的变迁是社会发展的缩影。大学是培养经济建设、社会发展所需高级人才的场域，社会所需人才千差万别，为满足此需要，故在大学中设置不同专业。经济建设和社会发展处在不同阶段，对人才的需求不同，满足社会对专业人才需求的大学本科教育专业设置及专业知识培养需求、目标必随之发生变化，淘汰或新设专业，或相同专业名称下发生质的改变。

我国急需大量知识产权人才。2022 年 1 月，国家知识产权局发布的《知识产权人才“十四五”规划》指出，“十三五”期间全国知识产权人才队伍

---

① 吴汉东：《知识产权的学科特点与人才培养要求》，《中华商标》，2007 年第 11 期，第 11 页。

② 王璟：《论本科层次知识产权人才的培养模式》，《长春理工大学学报（社会科学版）》，第 23 卷第 1 期，第 111 页。

③ 沈湫莎：《专家热议知识产权应用型人才培养》，《文汇报》，2017 年 5 月 5 日，第 8 版。

快速壮大，达到69万人，到2025年，知识产权人才队伍规模超过100万人。[1][2]在地方，江苏等多省市先后发布《江苏省“十四五”知识产权人才发展规划》[3]等。在国家大力推进知识产权强国战略的背景下，对知识产权的人才需求较之“十三五”有大幅度增加，急需大学培养高质量知识产权专业人才为知识产权强国建设战略提供有力人才资源保障。

国家战略持续推进知识产权专业本科教育。2008 年，国务院发布《国家知识产权战略纲要》[4]，在“加强知识产权人才队伍建设”中提出，设立知识产权二级学科，支持有条件的高等学校设立知识产权硕士、博士学位授予点。大规模培养各级各类知识产权专业人才，重点培养企业急需的知识产权管理和中介服务人才，在高等学校开设知识产权相关课程，将知识产权教育纳入高校学生素质教育体系。2015 年 12 月 18 日，国务院在《关于新形势下加快知识产权强国建设的若干意见》[5]中提出，加强知识产权相关学科建设，在管理学和经济学中增设知识产权专业。2016 年 12 月 30 日国务院在《“十三五”国家知识产权保护和运用规划》[6]、2017 年 2 月国家知识产权局在《知识产权人才“十三五”规划》[7]中继续坚持前述加强知识产权相关学科专业建设，除了在管理学和经济学中增设知识产权专业外，新提出支持理工类高校设置知识产权专业。国务院知识产权战略实施工作部际联席会议（以下称“联席会议”）通过的《2016 年深入实施国家知识产权战略加快建设知识产权强国推进计划》[8]中提出，教育部、司法部负责加强知识产权领域专业人才培养，在管理学和经济学中增加知识产权教育，支持高水平高校按照《普通高等学校本

---

① 《知识产权人才“十四五”规划》（国知发人字〔2021〕38 号）。

② 2017 年 2 月 24 日，国家知识产权局在《知识产权人才“十三五”规划》（以下简称“人才十三五规划”）明确提出，人才资源总量大幅增加，全国知识产权从业人员超过 100 万人。显然，知识产权人才队伍规模没有实现“十三五”规划的目标。

③ 《江苏省“十四五”知识产权人才发展规划》（苏知发〔2021〕142 号）。

④ 《国家知识产权战略纲要》（国发〔2008〕18 号）。

⑤ 《关于新形势下加快知识产权强国建设的若干意见》（国发〔2015〕71 号）。

⑥ 《“十三五”国家知识产权保护和运用规划》（国发〔2016〕86 号）。

⑦ 《知识产权人才“十三五”规划》（国知发人字〔2017〕12 号）。

⑧ 《2016 年深入实施国家知识产权战略加快建设知识产权强国推进计划》（国知战联〔2016〕3 号）。

科专业设置管理规定》，根据需要自主设置知识产权本科专业，引导高校面向学生开设知识产权相关领域的辅修课程，推动高校制定知识产权专业人才培养方案，指导有关卓越法律人才教育培养基地加强高素质知识产权专业人才培养工作。联席会议在《2017 年深入实施国家知识产权战略加快建设知识产权强国推进计划》[①]中提出，教育部负责支持高水平高校设置知识产权相关专业，推动开设知识产权本科专业的高校修订知识产权专业人才培养方案。联席会议在《2018 年深入实施国家知识产权战略加快建设知识产权强国推进计划》[②]中提出，教育部负责支持高水平高校根据国家和区域经济发展需要在相关学科下设置知识产权相关专业。联席会议在《2019 年深入实施国家知识产权战略加快建设知识产权强国推进计划》[③]中提出，支持高水平高校设置知识产权相关专业，完善知识产权相关专业职业教育国家教学标准，推动高校修订知识产权专业人才培养方案，推出一批一流知识产权专业建设点和一批一流知识产权金课。联席会议在《2020 年深入实施国家知识产权战略加快建设知识产权强国推进计划》[④]中提出，支持有条件的高校设置知识产权本科专业，推出一批知识产权一流专业建设点，打造一批知识产权“金课”，引导有条件的高职院校开设知识产权管理相关专业。2020 年 9 月，中共中央、国务院印发的《知识产权强国建设纲要（2021—2035 年）》（以下称《新纲要》）提出，支持学位授权自主审核高校自主设立知识产权一级学科，推进论证设置知识产权专业学位，实施知识产权专项人才培养计划，加强相关高校二级知识产权学院建设，开发一批知识产权精品课程等。至此，知识产权作为一级学科的定位在最具权威的规范中确立。也需要注意的是，其规定了学科、专业学位、人才专项计划、学院建设、精品课程，没有规定知识产权专业的

① 《2017 年深入实施国家知识产权战略加快建设知识产权强国推进计划》（国知战联办〔2017〕12 号）。

② 《2018 年深入实施国家知识产权战略加快建设知识产权强国推进计划》，http://www.nipso.cn/onewsn.asp? id=44141，2022 年 4 月 15 日访问。

③《2019 年深入实施国家知识产权战略加快建设知识产权强国推进计划》（国知战联办〔2019〕9 号）。

④《2020 年深入实施国家知识产权战略加快建设知识产权强国推进计划》（国知战联办〔2020〕5 号）。

事项。2022 年 1 月，联席会议在《知识产权强国建设纲要和“十四五”规划年度推进计划》[①]中提出，支持高校设置知识产权相关专业，实施一流专业和一流课程建设“双万计划”，打造一批知识产权“金专”“金课”，支持高校实施知识产权相关新文科研究与改革实践项目。从推进知识产权强国建设的视角，在 2019 年的文件中将知识产权专业纳入国家一流专业、“金课”的范围。2021 年，山东省烟台大学等培养单位的知识产权专业获得教育部国家一流专业建设点立项。

此外，在《国家知识产权战略纲要》发布前，2004 年教育部在《关于进一步加强高等学校知识产权工作的若干意见》[②]中提出，高等学校要在“法律基础”等相关课程中增加知识产权方面的内容，并积极创造条件为本科生和研究生单独开设知识产权课程。有条件的高等学校要开展知识产权人才培养。鼓励有相应条件的高等学校整合教学资源，设立知识产权法学或知识产权管理学相关硕士点、博士点，提升知识产权的学科地位。

相关部门推进学科实施。2022 年 9 月，国务院学位委员会办公室发布的《研究生教育学科专业目录》（以下称《学科专业目录》）[③]中，法学学科门类新增了中共党史党建（代码 0307）、纪检监察学（代码 0308）两个一级学科，知识产权（代码 0354）、国际事务（代码 0355）两个专业学位。推进论证设置知识产权专业学位工作落地，知识产权将可以授予专业硕士学位，但不作为一级学科与法学（代码 0301）并列。在经国务院批准由教育部等三部委发布的《关于公布第二轮“双一流”建设高校及建设学科名单的通知》[④]附件一“第二轮‘双一流’建设高校及建设学科名单”中，也没有将任何一个高校的知识产权作为一级学科列为双一流建设的范围。国务院所属部门与国务院对知识产权一级学科的规定有不同，《学科专业目录》没有将《新纲要》

---

① 《知识产权强国建设纲要和“十四五”规划实施年度推进计划》（国知战联办〔2021〕16 号）。

② 《关于进一步加强高等学校知识产权工作的若干意见》（教技〔2004〕4 号）。

③ 《研究生教育学科专业目录》（学位〔2022〕15 号）。

④ 《关于公布第二轮“双一流”建设高校及建设学科名单的通知》（教研函〔2022〕1 号）。

规定的设立知识产权一级学科落地，一流学科建设中也尚未列入知识产权。但是，根据 2022 年 7 月 12 日国务院学位委员会印发的《国务院学位委员会关于下达 2021 年学位授权自主审核单位撤销和增列的学位授权点名单的通知》①，国务院学位委员会审议批准同济大学增列知识产权交叉学科博士学位授权点。本学位点的增列是落实《新纲要》的要求，授予法学或管理学博士学位。据此通知，同济大学的知识产权博士授权点在学科性质上是交叉学科，授予法学或管理学博士学位，而不是授予知识产权博士学位。迄今，《新纲要》规定的支持学位授权自主审核高校自主设立知识产权一级学科尚未真正落地。

以时间继起为经，以建设内容为纬，观察可见，作为知识产权战略、知识产权强国战略和世界“双一流”战略建设一部分的知识产权专业本科教育服务前述战略，在实施前述战略的双重推动下，作为学科，其经历了从设立在其他学科如法学下到一级学科这个从无到有的质变；作为专业，经历了从课程到专业、专业设立由严到宽的巨变。在整个学科、专业体系中，知识产权地位迅速显著上升，作为一级学科虽尚未落地，但《新纲要》这个最权威的规范已经颁布，其落地可期；作为专业本科教育，已经落地并纳入一流专业建设中，在“双一流”中的地位已经确立。但没有规定知识产权专业本科教育专业知识培养目标定位。

三、低阶位规范仅定专业类要求

知识产权专业归类法学。2012 年教育部发布《普通高等学校本科专业设置管理规定》，其规定，《学科专业目录》包含基本专业和特设专业。基本专业一般是指学科基础比较成熟、社会需求相对稳定、布点数量相对较多、继承性较好的专业。特设专业是满足经济社会发展特殊需求所设置的专业，

① 《国务院学位委员会关于下达 2021 年学位授权自主审核单位撤销和增列的学位授权点名单的通知》（学位〔2022〕12 号）。

在专业代码后加“T”表示。在2012年《普通高等学校本科专业目录和专业介绍》（以下称《专业目录和介绍》）中，将法学学科门类分为法学、政治学、社会学、民族学、马克思主义理论、公安学六类，各类下设不同专业。法学类下设法学专业，其为基本专业，专业代码为030101K，其对“培养目标”“培养要求”“主干学科”“核心课程”“主要实践性教学环节”“修业年限”“授予学位”等进行了简要明确的规定。其中，“培养要求”中明确规定毕业生应当获得的知识和能力。[①]其将此前的知识产权专业和知识产权法专业修改为特设专业，专业代码为“030102T”，原知识产权专业及代码“030103S”和知识产权法专业及代码“030102W”废止。其对法学等基本专业均进行了介绍，对包括知识产权在内的全部154个特设专业关于“培养目标”等内容均未做介绍。根据2021年12月教育部发布的《教育部关于公布2021年度普通高等学校本科专业备案和审批结果的通知》[②]，新增31个本科专业，全国本科专业总数为771个。其附件《列入普通高等学校本科专业目录的新专业名单》中，法学门类法学类新增纪检监察专业，专业代码030108TK，公安学类新增铁路警务专业，专业代码030623TK。作为特设专业的知识产权专业未发生变化。

国标定专业类知识要求。2018年，教育部发布包括法学类专业教学质量标准的《普通高等学校本科专业类教学质量国家标准》[③]（以下称“2018年国家标准”）对法学类专业进行基本规范。该标准的颁行背景是教育部将知识产权专业在2012年列入法学类的特设专业和2016年前后开始的高考改革。在国家标准颁布前，各知识产权人才培养单位对课程设置等进行了大胆、积极的探索，这些可贵的探索为制定国家标准积累了经验，奠定了基础。2018

①中华人民共和国教育部高等教育司编：《普通高等学校本科专业目录和专业介绍（2012年）》，高等教育出版社2012年版，第66-77页。迄今未发现新版本或修订版。

②《教育部关于公布2021年度普通高等学校本科专业备案和审批结果的通知》（教高函〔2021〕1号）。

③ 教育部高等教育司关于实施《普通高等学校本科专业类教学质量国家标准》的通知（教高司〔2017〕62号）。

年国家标准对法学类专业下的法学、知识产权、监狱学三个专业的培养目标[①]、培养规格、课程体系、教学规范、师资队伍、教学条件、教学效果、质量保障体系进行了规范；三个专业的差异在课程设置上，其他要求均相同[②]。在“培养规格”的“知识要求”中规定，“了解人文社会科学和自然科学的基础知识，牢固掌握本专业的基本知识和基本理论，并形成合理的整体性知识结构”。如果将此理解为法学类本科教育专业知识培养目标定位的话，此“知识要求”是法学类专业的共同知识要求而非知识产权专业独有的知识要求，因而，其缺乏针对性。并且，其与高等教育法规定的“本科教育应当使学生比较系统地掌握本学科、专业必需的基础理论、基本知识，掌握本专业必要的基本技能、方法和相关知识”有所不同。

2021 年，教育部办公厅发布《关于推进习近平法治思想纳入高校法治理论教学体系的通知》（教高厅函〔2021〕17 号）[③]，在附件“法学类教学质量国家标准（2021 年版）”对原标准进行修改（以下称“2021 年国家标准”）。修订的主要内容为，将概述的第一自然段修改为“为深入贯彻落实习近平法治思想，坚持立德树人、德法兼修，创新法治人才培养机制，深化法学类专业教学改革，提高法治人才培养质量，设置本标准”。在本标准增加适用信用风险管理与法律防控、国际经贸规则两个特设专业和司法警察学、社区矫正两个特设控制专业。根据 2021 年《列入普通高等学校本科专业目录的新专业名单》的规定和 2021 年国家标准，法学类新增的纪检监察专业应该适用此标准。将培养目标的原“职业型”修改为“应用型”，将素质要求“热爱社

---

① 关于“培养目标”，2021 年版修改为“法学类专业人才培养要坚持立德树人、德法兼修，适应建设中国特色社会主义法治体系，建设社会主义法治国家的实际需要。培养德才兼备，具有扎实的专业理论基础和熟练的职业技能、合理的知识结构，具备依法执政、科学立法、依法行政、公正司法、高效高质量法律服务能力与创新创业能力，坚持中国特色社会主义法治体系和熟悉国际规则的复合型、应用型、创新型法治人才及后备力量”“为适应国内外经济、政治和社会发展的实际需要，法学类专业人才培养目标可以定期进行评估与修订”。

② 教育部高等学校教学指导委员会：《普通高等学校本科专业类教学质量国家标准》，高等教育出版社 2018 年版，第 33–38 页。

③《关于推进习近平法治思想纳入高校法治理论教学体系的通知》（教高厅函〔2021〕17 号）。

会主义祖国”修改为“热爱祖国，热爱社会主义”。在课程设置上，法学类七个专业中均统一开设核心课程“习近平法治思想概论”。综观全部规定，2021 年国家标准涉及知识产权本科教育的变化有三个：一是培养目标中，将“熟悉和坚持中国特色社会主义法治体系”修改为“坚持中国特色社会主义法治体系和熟悉国际规则”，将“职业型”修改为“应用型”；二是将素质要求“热爱社会主义祖国”修改为“热爱祖国，热爱社会主义”；三是在课程设置上，开设核心课程“习近平法治思想概论”。国家标准对法学类各专业本科人才培养专业知识要求有规定，其概括而且稳定，对培养知识产权专业本科人才培养具有指导作用。

培养目标、知识要求不同于专业知识培养目标。法学类专业培养目标、知识要求与知识产权专业培养目标、知识要求自是有异，后者应在前者的基础上具体化。2018 年、2021 年国家标准没有规定知识产权专业本科教育专业知识培养目标。

四、确定专业知识培养目标定位建议

高等教育为党育人、为国育才，目标是使受教育者成为德、智、体、美、劳全面发展的社会主义建设者和接班人。为科学合理确定服务知识产权强国建设和“双一流”建设两个国家战略的知识产权专业本科教育专业知识培养目标，建议遵循如下基本原则。

（一）专业知识广度面向职业

专业知识面向未来职业。一个众所周知的事实是，本科生在校学习知识产权专业知识的目的是希望毕业后直接从事知识产权及其相关的职业活动，或者进一步学习深造攻读法学或者法律硕士。因此，在确定学生专业知识目标时，必须考虑这个现实实际，科学确定。无论是攻读硕士学位还是就业，许多人将从事或者希望从事法律有关的职业。而从事法律有关的职业就需要通过法律职业资格考试，该考试是国家考试，有着严格的法律知识要求。因此，在确定知识产权专业本科教育专业知识培养目标时，必须让学生通过必修课和选修课的学习，而从中获得的专业知识要能涵盖此考试所需知识的全部领域。笔者所在学校是通过专业选修课将知识产权本专业基础课、核心课不能涵盖的法学专业必修课列入，鼓励、动员学生选修，如亲属继承法、侵权责任法、商法等10门课程，以此保障和有利于学生在校或者毕业后参加法律职业资格考试时，该资格考试所需专业知识曾受过学习训练，较多的人能顺利通过此考试，以利于其职业入门和职业发展。从最近 5 届学生在校参加法律职业资格考试的通过比例来看，知识产权专业与法学专业两者没有明显差别。①

专业知识构成范围宽广。知识产权专业本科教育是高校以职业为面向进行的人才培养，作为高等教育的塔基部分，从一定意义上说，其专业知识面越宽今后发展后劲和潜力可能越大。知识产权专业本科学生在校期间需要学习法学类专业的核心知识和知识产权专业特有的知识。从时间上看，知识产权专业本科教育在校学习 4 年，时间要比硕士或者博士学习时间长，应该、能够学习广泛的知识，丰富人才培养内容，提高学习效能，增强时间利用率。从法学本科专业的知识体系可以旁证知识产权专业知识体系需要广泛领域的知识。众所周知，我国法学专业本科教育曾经设置许多二级专业，如民法、刑法、经济法、国际法等多个二级专业。后因其专业知识面窄，不能适应社会需要，在改革中，将全部二级专业取消，在本科教育阶段，仅设置法学专业。此既可以为知识产权专业本科教育确定专业知识广度定位提供借鉴，也可以为其要具有合理的广度提供专业类别最近的旁证。

专业知识广泛而有界限。作为学生，在校学习仅仅是为将来人生发展做准备，而不是为了在校学习而永远在校学习，在当代的中外高等教育中概莫能外。那种认为知识产权专业融合了管理学、经济学等专业的定位实际上是不科学、不合理的，也无法实现。因为，一是在学制规定下，不可能无限制

---

① 2017 年至 2021 年五年间，重庆工商大学法学院法学和知识产权专业本科学生参加国家法律资格考试通过率由重庆工商大学法学与社会学院党总支副书记林璐带领有关辅导员完成，在此致谢！因篇幅所限，未列出各项数据。

地设置课程，在课程设置有课时限制的条件下，不可能全部开设某学科门类下某专业类的某专业的全部课程或者全部核心课程。而只嵌入开设其极少部分核心课程或者其他课程，不能建立其专业知识体系，因而，不能称之为涵盖了该专业，更不能说涵盖了该学科。我国曾有高校进行本科硕士研究生教育培养联通试验，延长学制，在一个法学专业中同时开设法学、知识产权专业的核心课程。这种试验受到质疑，未能产生广泛影响，未能产生可复制、推广的成果。如果是辅（副）修经济学等的专业，辅（副）修是学生自愿行为，不是每个学生都要参加辅（副）修，也不是本专业人才培养中专业知识定位必修的知识，不能称之为知识产权专业涵盖了其他学科门类、专业类、专业。二是在一个专业中交叉开设其他学科门类、专业类下专业的课程，不能称之为学科门类、专业类、专业交叉，其实质是从某个特定的视角观察或者运用其他专业的知识，如知识产权文献检索与应用，其实质是图书情报学在知识产权专业的运用。其类似一个人吃西餐时吃了几片北京烤鸭肉，或者吃中餐时吃了一个蛋糕。北京烤鸭肉、蛋糕仅仅是正餐中的调味菜，不能改变吃的是何种餐的属性。认为知识产权专业涵盖法学、知识产权、管理学、经济学、信息学、科技等的观点，是一种误认。它也否认了不同学科、专业产生、设置的科学性、独立性、专业性。要仅具有高中知识储备的高中毕业生，在大学四年修完多个学科或者专业的专业知识，达到合格的要求，可以推测的是，要么学生是“神童”且四年不眠不休；要么这些学科、专业不具有科学性、专业性；要么同时具备这两者。显然，都不可能。知识产权作为一个专业，要求其知识必须集中在知识产权领域，广而有界，而不是跨学科门类或者专业领域。

（二）专业知识深度重在基础

建立专业知识体系。“深度重在基础”看似矛盾，实则不然。专业教育要求专业知识体系完整，专业知识结构严密，专业知识必须达到一定深度，具有一定高度。按照高等教育法等的规定，大学培养的是高级专门人才。[①]成为高级专门人才的人，其所学习的知识应当是高级而且专门的知识。大学本科学生中最主要的群体是从高中毕业进入大学开始专业学习的。在进入大学前，对专业或者说具体到知识产权专业是陌生的，一无所知的。他们学习知识产权专业，从专业角度而言，类似于普通孩童咿呀学语一般。让他们在本科阶段完成知识产权专业知识的奠基、启蒙是比较现实的。因此，在此阶段的学习内容不能“高大上”“尖深难”。只能从最基础的概念、原理、理论等开始学习，获得最基本的知识、理论，为职业奠定专业知识基础和培养能运用知识的基本能力，为进一步学习、提高打基础。犹如合抱之木之于毫末，九层之台之于累土。如若一开始就学习前沿理论，深奥复杂、“高大上”“尖深难”内容，一是学生无法学懂，二是其专业基础知识不稳固，将制约此后的学习和提高，导致事倍功半或者劳而无功，荒废学生学业、青春和生命。

专业知识具有深度。本科教育是高等教育的基础教育，它担负的使命是让学生系统学习本专业的基础知识，培养基本思维方式，获得从事本专业及相关专业所需的基本职业能力，为今后从事职业活动或者进一步专业学习打下基础。作为专业学习，知识产权专业本科教育学生学习的内容是作为知识产权专业的基础知识、基本理论和基本方法，而非其他。同时，由于其学习和培养是面向将来的职业所需，因此，其学习的知识内容不是文化素质知识或者普法教育知识，其必须坚持专业性。即一是聚焦知识产权领域，以适应未来的职业需要；二是具有一定深度，要学习用专业语言、思维、方法以适应将来职业所需。这是知识产权专业学习与科普、普法、娱乐、宣传等非专业学习的区别。只有系统学习最基础的专业知识，才能建立专业知识体系，掌握从事知识产权职业的基本技能。它是为至千里而积跬步，为成江海而积

① 《中华人民共和国高等教育法》第 16 条规定，本科教育的学业标准是，应当使学生比较系统地掌握本学科、专业必需的基础理论、基本知识。《中华人民共和国学位法草案（征求意见稿）》第 15 条规定，授予学士学位的要求与《中华人民共和国高等教育法》第 16 条的规定仅有文字表述的差异，实质内容相同。具体内容请见教育部关于《中华人民共和国学位法草案（征求意见稿）》公开征求意见的公告所附文本，http://www.gov.cn/xinwen/2021-03/21/content_5594238.htm，2022 年 5 月 2 日访问。

小流。系统的、有深度的本专业知识的教和学是普通本科教育与职业教育、岗位培训的主要区别。

本科教育不能职教化。在确定知识产权专业本科教育专业知识培养目标定位时，应以学生全面发展为依归，不能将其混同为职业教育、岗位培训。相同职业中的岗位是对职业的细化，具有基本职业能力就具备履行岗位职责的基本能力。在大学，本科教育不必也不能、不应按照职业岗位的需要培养人才，否则，就将大学专业教育变为岗位培训、职业教育了，背离了大学本科教育的本旨，不是以学生为本，不利于学生的全面发展。例如，法学是一个历史悠久的专业，法学专业培养的学生从事法律职业时，法律职业细化为工作岗位，工作岗位千差万别。如，仅司法系统分为法院和检察院，法院业务分为立案、民事、行政、刑事案件一审、二审、再审以及执行。法学专业本科学生在校学习了包括民法等法学专业核心课的知识，打下了基础，在岗履职时仅运用其中的一部分，如在一审刑事审判时则只是运用和深化学习刑法和刑诉法中一审的知识。正是由于有完整的法学专业基础，毕业生在入职工作中就能进一步运用和深化原有的知识基础。我国和日本曾为适应职业岗位的需要，将法学专业本科教育细化为民商法、宪法等很多二级专业，实践证明它是不成功的。培养知识产权专业人才，应使学生打好基础，接受系统的专业训练，牢固掌握专业知识、理论、技能，帮助、促进其全面发展。

（三）专业知识融合职业技能

知识技能融合互促。技能的形成必须以具有知识和经验为前提。《辞海》对技能的解释是“运用实践知识和经验进行有目标的活动叫‘技能’”①。知识是通过学习活动获得的，经验是通过实践活动获得的。作为面向从事知识产权职业的本科教育，知识产权专业必须使受教育者在获得知识的同时，获得职业活动中所需的直接经验和间接经验。也就是说，学生在学习专业知识的同时，需要通过实践活动获得运用知识的体验。它实质上既是“知”指导

① 夏征农主编：《辞海》1999 年版缩印本，上海辞书出版社 2000 年版，第 810 页。

“行”的过程，也是在“行”的过程中验证“知”的过程。获得专业技能，在学校培养阶段，主要通过如角色训练、案例教学、观看视频、案例讨论、实地参观、模拟法庭、学年论文、毕业实习、毕业论文等实践教学活动进行。在职业技能训练中，使专业知识和职业技能水乳交融，相互促进。

合理确定技能定位。知识产权专业本科学生应当具备的职业技能为听、说、读、写、查，其中的“查”为查找各种文献资料。我国国家标准中将知识产权本科专业学生培养定位为“应用型”，但是，确实存在职业技能培养明显不足的问题。我们需要正确认识和对待此问题。首先，社会或者说有的用人单位对本科生的职业技能期望值过高，他们希望学生一到岗位就完全独立开展工作。我们姑且不论刚毕业的本科学生，即使已经从业多年的人就职单位变化、转行、主要工作发生变化，也需要时间长度不等的调整和适应。更何况职业技能是在整个职业活动中不断地积累和深化的，需要终身探索、积累、提高。本科学生在学校期间应且能掌握的职业技能是基本的职业技能，而不是其全部或者具体职业技巧。希望或者要求本科学生在学校期间掌握全部职业技能是不合理且不能实现的。

多措提高职业技能。目前，知识产权专业本科教育的职业技能培养效果不尽如人意是客观存在的，它制约着人才培养质量。可以采取如下措施应对：一是像专业理论课程般重视。与知识产权专业理论知识的学习相比，从技能体系、课时分配、学习内容、教材编写、教学过程、成效考核等观察，技能学习都无法与之相比。法理学、民法等部分法学类核心课程编写有马工程教材，它动员全国全部一流学者力量编写教材。而实践类教学无疑没有如此为之。如果用重视专业理论课相同的重视程度和投入，技能教育的效果将获得极大提升。但职业技能训练可能实际上难以做到。二是制度保障实务师资。从事知识产权专业理论知识教学的教师擅长理论阐释和创新，但对培养学生职业技能所需的实践经验，由于职业、时间、精力、专长等多种原因，不具有优势，甚至缺乏。它制约学生职业技能的养成和提高。知识产权教师与实务人员流动、交流缺乏制度保障。从事知识产权司法、行政管理、企业管理、中介服务的人员到从事知识产权专业本科教育的大学任教，交流碎片化，缺乏制度机制保障。同样，大学的从事知识产权教学研究的教师也很少到实务单位交流，获得实务经验。曾经施行的“双千计划”主要是为法学专业人才培养设计，参与交流的学校和师资数量、规模有限，且已经结束。需要建立实行制度保障实务师资。三是体系推进技能培养。职业技能的养成是通过实践教学课程进行和实现的。国内实践教学课程可能的形式有理论教学中实践教学环节、课堂讨论、角色扮演、实地参观、观摩庭审、模拟法庭、仿真试验、法律诊所、学年论文、毕业实习、毕业论文等，可谓形式丰富，看似由浅入深、体系完整，实则碎片化，缺乏完整的体系、机制。不像专业理论课程那样，内容丰富，结构完整，体系严密，与其他专业课程融合衔接。必须职业技能训练全体学生参加，实行学分化，纵向将其各环节的内容有机结合，体系化开展。

（四）遵规求同并举特色创新

遵守规范建立专业知识共同体。知识产权专业作为一个特设的法学类专业，在确定其本科教育专业知识培养目标定位时，必须遵守遵循基本共识，培养知识共同体。我们知道，目前，一是从知识产权科学研究看，国内外一些学者孜孜以求、不断探索知识产权的范围、对象、特征，有别于其他专业或者学科的基本概念、基础理论、思维方式、逻辑结构等基础理论而没有形成共识。但不可否认的是，随着《巴黎公约》《建立世界知识产权组织公约》《与贸易有关的知识产权协议》《区域全面经济伙伴关系协定》《全面与进步跨太平洋伙伴关系协定》《视听表演北京条约》以及其他一大批国际公约的签订生效，在总体上，各国有一个大致的共识，就是知识产权包括著作权、专利权（发明、实用新型、外观设计）、商标权、植物新品种权、商业秘密权、正当竞争。一些学者将新出现的法律现象，如遗传物质、人工智能产物、数据、个人信息等列入知识产权中，这有待深入研究，建立共识。由于知识产权与法学有着天然的不可分离的联系，在确定知识产权专业本科教育专业知识培养目标定位时，需要保证学生既学习法学类专业共同基础知识，又学习属于知识产权特有的专业知识。前者如习近平法治思想概论、法理学、宪法学、刑法、民法、刑事诉讼法、民事诉讼法、行政法与行政诉讼法等，后者如知识产权总论[①]、著作权法、专利法、商标法、竞争法、知识产权管理、知识产权文献检索与应用。国家标准所定知识产权专业核心课程，是在国内各高校近20年知识产权专业本科人才专业知识培养探索和实践的基础上，将共识上升为国家技术规范，严格遵照国家标准设定开设专业课程，使学生通过这些专业课程的学习，获得本专业知识体系，建立本专业知识共同体，能够用共同的语言、思维、知识思考和认识社会的知识产权现象。

创新同步社会发展。学习最新法律和国际条约是本专业人才培养的内在要求。知识产权专业本科教育必须与时俱进，在确定其专业知识培养目标定位时，与社会发展同步修改知识产权专业知识培养目标定位是应有之义和不二之选。可以假设，如果社会需求的学生所需要的知识产权专业知识已经发生了重大变化，而人才培养中不回应，熟视无睹，直接的结果可能是，培养的人才与社会需求脱节，浪费学生生命、学费和国家财政拨款，学生无业可就，违背本科教育职业性要求，最终将被社会抛弃。知识产权专业的设立和专业知识培养目标定位的立改需求均来自社会需要，它需要从事知识产权本科教育组织者在深入观察、了解知识产权、研究社会需要后确定。根据社会需要确定、修改目标定位，根据培养目标定位开设、修改、废止为实现目标的课程。知识产权专业本科教育专业知识培养目标定位应“坚持服务国家战略需求”[②]，开设知识产权许可运用、知识产权评估、知识产权金融等。

发挥优势培养特色。确定知识产权专业本科教育专业知识目标时遵守法律、法规以及技术规范，其可以称之为守正，应因时代变化确定此专业知识培养目标定位是创新。例如，学习相同的知识产权专业核心课程，它在构成

---

① 关于“知识产权总论”是否设定为知识产权专业的核心课程，学者有不同看法和争论。到目前为止，“知识产权总论”无法像“刑法总论”或者“民法总论”那样具有严密的内在逻辑结构和完整的知识体系。我认为目前开设此课程时机尚不成熟。

② 《习近平主持召开中央全面深化改革委员会第二十三次会议强调：加快建设全国统一大市场提高政府监管效能 深入推进世界一流大学和一流学科建设》，http://www.gov.cn/xinwen/2021-12/17/content_5661684.htm，2022年3月3日访问。

知识产权专业知识体系共同基础的同时，也产生常说的千校一面、千人一面的结果。为克服其不足，确定知识产权专业本科教育专业知识培养目标定位时应积极创新，寻求各培养单位培养人才的差异化、个性化、特色化。实现的方法如深化科教融合育人，在国家标准必修课和因应时代变化增加的课程中可以将学科建设的学术研究成果转化为教学内容，在各课程中各校基本相同又各有侧重，从而形成培养人才的个性和特色；根据人才培养学校的办学定位，发挥各校不同的专业优势，嵌入能够将知识产权专业与该人才培养单位优势专业融合的专业知识内容。如，景德镇陶瓷大学《2017 年版知识产权专业本科人才培养方案》的“人才培养目标”中规定，“对陶瓷科技和艺术有基本了解”，在选修课中设“陶瓷技术史”“陶瓷知识产权专题研究”等。[①] 在推动人才培养创新中发挥人才培养单位的学科、专业优势，形成人才培养特色。

结 语

专业知识差异是大学人才培养中不同专业区别的唯一标准。知识产权专业本科人才是知识产权人才体系中的基础人才。在确定知识产权专业本科教育专业知识培养目标时，必须以服务学生全面发展为宗旨，知识面向职业，深度重在基础，突出构建学生坚实的专业知识体系基础，在培养专业知识的理论教育教学中应融合职业能力的培养，在培养职业能力的实践教育教学中应用、回顾已学理论知识，深度融合同频互融，在遵守国家规定的同时要积极结合自身优势，不断探索创新。

参考文献

[1] 陈美章. 我国知识产权教育与人才培养[J]. 知识产权，1993（2）：4–6.
[2] 贺志丽. 知识产权专业本科人才培养路径研究[J]. 教育现代化，2019（66）：

① 景德镇陶瓷大学法学系：《2017 年版知识产权专业本科人才培养方案》，http://fxx.jci.edu.cn/info/1018/1238.htm，2022 年 2 月 22 日访问。

7–9.

[3] 肖海，左荣昌. 知识产权人才培养模式研究[J]. 长春师范大学学报，2016（11）：58–60.

[4] 钱建平. 知识产权人才的知识结构与人才培养模式研究[J]. 中国大学教学，2013（11）：33–36.

[5] 朱雪忠，杨静. 制度掣肘与供给不足：中国知识产权学科向何处去[J]. 知识产权，2018（10）：24–32.

[6] 余俊. 面向知识产权强国建设的知识产权学科治理现代化[J]. 知识产权，2021（12）：3–27.

[7] 钱建平. 论高校对知识产权人才的错位培养[J]. 江苏社会科学，2010（6）：254–256.

[8] 吴汉东. 知识产权的学科特点与人才培养要求[J]. 中华商标，2007（11）：11.

[9] 王璟. 论本科层次知识产权人才的培养模式[J]. 长春理工大学学报（社会科学版），2010（1）：110–113.

[10] 沈湫莎. 专家热议知识产权应用型人才培养[N]. 文汇报，2017-05-05（8）.

[11] 中华人民共和国教育部高等教育司. 普通高等学校本科专业目录和专业介绍（2012 年）[M]. 北京：高等教育出版社，2012.

[12] 教育部高等学校教学指导委员会. 普通高等学校本科专业类教学质量国家标准[M]. 北京：高等教育出版社，2018.

新文科视域下“法商”融合法治人才培养模式创新研究

◎何剑锋

【摘　要】随着新文科建设深入推进、数字新兴技术的兴起、我国依法治国新阶段的内在要求、“一带一路”倡议的推进与RCEP①生效等因素的影响下，急需大量“精法明商”复合型的卓越法律人才。以国内高校“法商”融合法治人才培养改革实践为样本，基于对重庆某财经类高校的调研，比较分析国内外“法商”融合培养模式，反思我国“法商”融合卓越法治人才培养模式存在的问题，提出以习近平法治思想为指导，立足于区域经济建设与法治需要，革新“法商”融合培养人才理念，守正创新、打破传统路径依赖，打造“法商”融合特色发展方向，以需求为导向制订培养计划，创新实践培养机制的“法商”融合卓越人才培养创新路径，实现区域性乃至全国复合型卓越法律人才的培养与供给。

【关键词】新文科；法商融合；卓越法治人才

作者简介：何剑锋，男，重庆工商大学法学与社会学学院讲师，重庆知识产权运营研究中心研究人员，法学博士，研究方向为法学教育、经济法等。

基金项目：重庆市教委2020年课程思政重点项目“社会主义核心价值观在‘经济法概论’课程教学中的融入与实践”，重庆工商大学高层次人才启动项目“数字金融监管理念嬗变与法律制度革新”（项目批准号：2055005），重庆工商大学教育教学改革与研究重点项目“‘法商’融合卓越法律人才培养模式创新与实践”（项目编号：2020106）。

① 2020年11月15日，历经8年共计31轮谈判后，中国与东盟十国、日本、韩国、澳大利亚和新西兰共同签署了区域全面经济伙伴关系协定（RCEP）。它是世界上人口最多、经贸规模最大、最具发展潜力的自由贸易区，于2022年1月1日正式生效。

引 言

人类正经历着数字化信息技术革命，以移动互联网、云计算、大数据、区块链、人工智能、物联网为代表的新兴技术与经济等各个领域深度融合，人类进入了数字时代。“事实表明，人类的每一次飞跃都引发了重大的制度变革。”“它引发了从生产关系到生活方式、从行为模式到思想观念、从经济业态到制度规制的全方位深度变革。”[①]基于新一轮技术及其思想观念、行为模式与产业形态等全方位的变革，随着新文科创新与学科交叉融合深入推进，如何培养我国与之相适应的卓越法治人才成为一个重大的命题。为此，习近平总书记于 2017 年 5 月 3 日在中国政法大学考察时指出，“大力加强法治人才培养”。接着，教育部在 2018 年 10 月 17 日印发《教育部关于加快建设高水平本科教育全面提高人才培养能力的意见》等文件，决定实施“六卓越一拔尖”计划 2.0。这必然促使我国高校革新卓越法治人才培养的理念，并能以切实的行动实现由“学习革命”向“质量革命”纵深转变。在新文科建设深入推进、数字新兴技术的兴起、我国依法治国新阶段的内在要求、“一带一路”倡议的推进与 RCEP 生效等因素的影响下，急需大量“精法明商”复合型的卓越法律人才。如何在新时代培养“法商”融合卓越法治人才，这是理论与实践亟待解决的一个重大问题。

一、“法商”融合卓越法治人才培养革新面临的机遇

（一）“新文科”背景下，“法商”融合是卓越法治人才培养方向之一

在进入中国特色社会主义新时代，全面推进依法治国战略过程中，高素质法治人才是基础，也是国家核心竞争力重要因素之一。习近平总书记在中国政法大学考察时指出：全面推进依法治国是一项长期而重大的历史任务，要坚持中国特色社会主义法治道路，坚持以马克思主义法学思想和中国特色

① 马长山：《迈向数字社会的法律》，法律出版社 2021 年版，第 3-5 页。

社会主义法治理论为指导，立德树人，德法兼修，培养大批高素质法治人才。[1]按照习近平总书记的讲话精神，立足于数字经济时代，应对全球化，建设中国特色的社会主义市场经济，按照卓越法律人才培养要求，亟待培养大量的德法兼修、应用型、复合型“法商融合”人才。

（二）数字经济下发展的新趋势，“法商”融合人才需求增大

随着数字信息革命浪潮的推动，当今世界处于百年未有之大变局，经济中心和政治格局都发生了深刻的变化。而如今国际交往都建立在日益繁复的规制体系之上。因此，在中华民族实现伟大复兴战略全局中，在“一带一路”倡议、“双循环”等战略推行与中美博弈矛盾的处理中，中国要以负责任的大国形象推动全球治理规则向公平公正方向变革。要同时维护我国公民和企业合法权益，则须以法治思维和法治方式去妥善应对。[2]基于此背景，我国依法治国新阶段的内在要求、“一带一路”倡议的推进与 RCEP 生效、自贸区发展与城市经济圈建设、金融法院[3]不断的增设等国内国外多重因素的影响下，我国急需大量优秀的“精法明商”复合型的卓越法律人才。随着新文科建设深入推进，各个高校结合自身的优势与区域优势，纷纷着手实施“法商”融合教学改革，力求实现“法商”交叉复合型的卓越法律人才培养与适应我国及地方法治经济建设所急需。反观国外，“法商”融合教育早已成为其法

① 新华网：《习近平在中国政法大学考察》，http://www.people.com.cn/nl/2019/07/8/c32306-3124648.html。

② 郭雳：《创新涉外卓越法治人才培养模式》，《国家教育行政学院学报》，2020 年第 12 期，第 39 页。

③ 目前，我国共有 2 个金融法院：上海金融法院和北京金融法院。2018 年 3 月 28 日，中央全面深化改革委员会第一次会议审议通过了《关于设立上海金融法院的方案》。2018 年 4 月 27 日，第十三届全国人大常委会第二次会议作出《关于设立上海金融法院的决定》。2018 年 8 月 20 日，上海金融法院正式挂牌成立。2020 年 12 月 30 日，中央全面深化改革委员会第十七次会议审议通过了《关于设立北京金融法院的方案》。会议强调，设立金融法院是服务保障国家金融战略实施、营造良好金融法治环境、促进经济健康发展的重要举措。北京是国家金融管理中心，要高起点、高标准设立金融法院，结合区域功能定位和特点，对金融案件实行集中管辖，推进金融审判体制机制改革，提高金融审判专业化水平。在各级领导的关心指导下，2021 年 3 月 18 日，北京金融法院正式揭牌成立。

学教育发展的新模式。无论是大陆法系国家，还是英美法系国家，一些著名的大学强化了“法商”融合的教研，甚至开设了相应的专业。①以重庆工商大学为例，“法学”专业创新性的发展面临着巨大的机遇与挑战，即需要实施“法商”融合创新性的发展，及时培养并满足重庆自贸区、“内陆国际金融中心”“RCEP”和“成渝地区双城经济圈”以及今后设置的成渝金融法院方面等建设需要的具备法商“双系统”思维与“双轨交叉”处理问题能力的卓越法律人才的需求。

（三）新技术赋能，优化人才培养质量

数字时代裹挟着大数据、人工智能、区块链、云计算、物联网等新技术，促进了法学和诸多学科的交叉与融合，新技术背景下的“法商”融合就是最好的佐证。同时，新技术赋能于“法商”融合卓越法律人才培养，提供丰富的教学素材、新技术、新方法与新范式，进而提升人才培养的质量。

二、新文科背景下对“法商”融合传统培养模式的反思

一般而言，传统的法学教育模式有三种：以美国为代表的职业教育模式、以德国为代表的法律理念和职业技能培训兼备模式、以日韩为代表的法学教育与法律职业相分离的模式。②实际上，美国、德国、日本等发达国家的法学

---

① 在美国，哈佛大学法学院设立了法律与商业学习项目（Law and Business Program of Study）；耶鲁大学、哥伦比亚大学等知名大学的法学院和商学院还联合设有三年和四年制的法学与工商管理联合项目（MBA-JD）。在英国，华威大学、爱丁堡大学、伯明翰大学、班戈大学等大学设立了法律与商业（Business and Law）本科学位；剑桥大学和牛津大学还开设了企业法（Masters Degree in Corporate Law）、法律与金融（MSC in Law and Finance）硕士项目。2003 年开始，德国高校法律院系开展的教学改革也突破了原来只重视法官素质养成的模式，而特别重视“全方位工作能力”的培养，并强化法科学生谈判管理、会谈、辩论、调解纠纷、和解、听证理论、交往能力和团队合作能力等关键性技能的训练。德国锡根大学甚至还专门设置了法商结合专业。参见黄忠：《法商融合：法律硕士教育改革的新思路》，《学位与研究生教育》，2016 年第 2 期。

② 林俏：《财经类应用型法学人才培养的创新研究》，2017 年辽宁省高等教育学会学术年会。

教育模式优缺点俱有，而且与历史、法律人才市场等因素密切相关。[①]新文科的核心在于创新，而对于新时代的法学教育尤其是“法商”融合而言，所面临的挑战是：第一，新文科的创新理念内核对“法商”融合提出了更高的要求；第二，数字时代，新兴的现代信息技术对“法商”融合提出了新的要求；第三，新阶段的法治建设新目标对“法商融合”提出了挑战；第四，“一带一路”倡议和中美贸易摩擦等利益保护问题对“法商”融合提出了新的要求。基于此，本文试图反思“法商”融合传统培养模式存在的问题，旨在为其创新发展奠定基础。[②]

（一）理念革新慢，内涵界定不清

考察我国现行实验的“法商融合”培养模式有三种路径：一是以“商”为主，依托于商学院，并由商学院来主导和安排课程设置；二是以“法”为主，依托法学院，由法学院来主导和安排课程设置；三是法学院和实务部门联合，以项目的形式进行“法商”人才培养。[③]目前，“法商”融合培养实践过程反映出来的问题有：其一，“法商”融合培养缺乏整体性规划与指导；其二，“法”“商”课程简单叠加且流于形式，导致“法”和“商”两张皮简单地拼凑[④]；其三，依托的培养主体不同，或侧重于“商”，或侧重于“法”，没有实现“法商”有机与深度的融合；其四，新文科新技术未能深入融入“法商”融合人才培养之中。其原因在于“法商”融合理念革新不到位，内涵界定不清。换言之，什么是“法商”融合的内涵？“法商”融合培养人才的主

---

① 卜元石：《德国法学与当代中国》，北京大学出版社 2021 年版，第 243 页。

② 徐显明：《新文科建设与卓越法治人才培养》，《中国高等教育》，2021 年第 1 期，第 13-15 页。

③ 中国政法大学、西南政法大学、华东政法大学等都是在商学院里设置法商融合人才培养。中国人民大学则是在法学院开展法商融合人才实验班。北京大学携手金杜公益基金会、金杜律师事务所和金杜学院，于 2017 年共同启动了“北大金杜全球高端法商人才计划”项目。

④ 黄忠：《法商融合：法律硕士教育改革的新思路》，《学位与研究生教育》，2016 年第 2 期，第 24-26 页。

旨是什么？“新文科”“新技术”对“法商”融合培养提出的新要求是什么？这些都是涉及“法商”融合培养模式中最为关键的理念及内涵指向问题。如果稍有偏差，就会在人才培养过程中出现顾此失彼、流于形式、创新性不足、与社会需求有差距等方面的问题。

（二）路径依赖，思维定式

改革开放以来，我国法学教育基本上遵循了法学教育内涵式发展的规律。目前，培养的目标由传统法学教育模式培养的法律人才向新型培养模式培养多元化、创新性的法治人才转变。但是，在新时代、新技术和新文科背景下，由于对传统法学教育模式的路径依赖，即沿着传统既定的法学教育模式继续进行，容易形成法治人才培养的思维定式。[①]换言之，受制于法学教育既有理念、模式与方法，形成的墨守成规的惯性阻碍了人们进入创新路径，延缓了对新事物的认识及新问题的解决。[②]尤其是在新文科、新技术与卓越法治人才培养的要求下，“法商”融合人才培养模式此类问题尤为突出。比如，实践中的“法商”融合教育还是依赖传统的法学教育模式，要么是由法学院主导设置课程，要么是由商学院主导设置课程，导致“法”“商”融合不畅，极易导致“两张皮”，无法实现“法商”融合人才培养模式差异化的创新发展；又如，传统的教学范式，过于注重书本知识的传授，无法满足“法”和“商”知识与思维的深度融合；再如，数字化时代，新兴技术对“法商”融合教育模式提出新的要求和挑战，传统的教学手段与方式未能很好与新兴技术融合。相比较而言，“法商”融合教育在某种程度上却仍然处于工业化时代，而非数字化时代。

---

① 刘同君：《新时代卓越法治人才培养的三个基本问题》，《法学》，2019 年第 10 期，第 138 页。

② 刘卫先：《我国环境法学研究中的路径依赖及其克服》，《政法论丛》，2016 年第 5 期，第 59 页。

（三）人才培养与社会需求脱节

一般而言，法学教育要以服务于社会发展为其导向。[①]目前，我国法治人才培养遇到是结构性的问题，即占大比例的中低水平法律从业者整体上供大于求。[②]而真正符合“法商”融合要求的人才比较短缺。当下，我国“一带一路”经济带建设、中美贸易摩擦等国家利益保护、自贸区领域的商事纠纷、“十四五”规划经济建设等方面急需大量相关方面复合型、应用型的“法商”融合人才。当下，我们实践中的“法商”融合人才培养是在市场需求倒逼下，才开始逐渐重视涉外、贸易纠纷、商事领域等方面的“法商”融合人才培养。由于传统培养模式的路径依赖，从 20 世纪 90 年代试点开始到现在，我们培养的人才与社会需求仍有一定的差距。例如，我国粤港澳大湾区汇集了大量高端法律人才，但是尚未能满足大湾区经济发展、法治建设的需要。[③]因为经济区域发展和法治建设需要大量的复合型、应用型的“法商”融合高素质人才。

（四）理论与实践互动机制效果欠佳

法学是一门实践科学，需要在理论的指导下，进行长期的学习与实践。毫无疑问，实践性教学是其发展的生命线。目前，“法商”融合传统教育模式下，存在着两个方面的问题：其一，法律思维培养的单向性。具言之，“法商”融合传统教育模式所进行的案例教学、模拟法庭、法律诊所等实践方式，过于偏向法律适用的“司法裁判”导向，即如何进行定分止争进行妥当的裁断处理问题[④]；其二，案例选择过于集中于司法诉讼案件且也缺乏“商”的元

① 龙卫球、初殿清：《新型工业化时代的法学教育——以北航法学教育改革为个案》，《中国大学教学》，2017 年第 1 期，第 41 页。

② 郭雳：《创新涉外卓越法治人才培养模式》，《国家教育行政学院学报》，2020 年第 12 期，第 39 页。

③ 人民网：《粤港澳大湾区背景下的法律服务与法商人才需求主题论坛举办》，http://www.people.com.cn/n1/2019/0718/c32306-31242648.html，2021 年 8 月。

④ 黄忠：《法商融合：法律硕士教育改革的新思路》，《学位与研究生教育》，2016 年第 2 期，第 24-26 页。

素，非诉讼商事纠纷案件涉及不多；其三，实践教学与实务部门结合相对较少，导致实践培养不够深入；其四，实践教学信息化平台有待建设。

三、“法商”融合卓越法治人才培养创新路径

（一）革新理念，厘清内涵

“理念是人在实践中通过理性能力所把握到的事物的内在精神和普遍范型。”①培养模式及制度的设计离不开理念的指导。“卓越法律人才教育培养计划”旨在培养适应中国特色社会主义法治国家建设需要的高素质法律人才。新文科旨在突破传统学科的自我设限，加强学科的融合与创新，进而提升高等教育支撑国民经济与社会发展的能力。②基于此，以习近平法治思想为指导，德法兼修，革新“法商”融合人才培养模式的理念，即应呈现出立足于中国法治建设和市场经济建设，面向国内外涉及法商交叉融合问题，突破“法”“商”之间的藩篱，注重新理论、新知识、新技术、新方法，实现“商+法+科技+人文”的深度融合，以提升“法商”融合法律人才的培养质量为核心，以提高“法商”融合法律人才的实践能力为重点，加大应用型、复合型法律人才的培养力度，培养满足社会主义法治国家建设需要的卓越法律职业人才。基于此理念，“法商”融合的内涵应界定为：将“法学”和“商学”的元素有机融合，打破学科彼此界限，以解决现实问题为导向，采用跨学科、新技术的培养方法、提升学生的复合型应用能力。③在“法商”融合实践领域，无论是大陆法系的德国锡根大学的培养理念，还是英美法系的美国 JD/MBA 项目，其培养的理念都是法商融合、跨学科、跨技术的复合型、应用型人才。概言之，面对数字时代的知识与技术变革，立足于国家法治与市场经济建设及治理现代化，应对全球化的贸易摩擦，应打破学科与理论的藩篱，塑造社

① 李昌麒：《经济法理念研究》，法律出版社 2009 年版，第 14 页。

② 李凤亮：《新文科：定义·定位·定向》，《探索与争鸣》，2020 年第 1 期，第 5 页。

③ 王霆：《美国 JD/MBA 法商复合型人才培养模式及其启示》，《高教探索》，2017 年第 2 期，第 94 页。

会主义建设所需的复合型与应用型法商融合的人才。

（二）立足于区域经济建设与法治需要，打造“法商”融合特色发展方向

针对传统“法商”融合教育模式的路径依赖及思维定式问题，我们应秉持上述的新理念，进行守正创新，打破路径依赖，进入良性的创新培养模式轨道中。

以广东财经大学为重点考察对象。[①]广东财经大学法学院立足于粤港澳大湾区建设需要，着眼于其财经院校学科优势，以培育“精法通商”的复合型人才为目标，及时地为粤港澳大湾区输送了大量财经法治人才。它既实现了“法商融合”人才培养的创新发展，又突出了其区位优势，更贴合了港澳大湾区发展所需的财经法治人才。其具体的做法包括：其一，理念更新，及早规划。教育部、中央政法委 2011 年 12 月印发了《关于实施卓越法律人才教育培养计划的若干意见》文件。不久，广东财经大学于 2012 年 11 月自主申报并被教育部批准为应用型、复合型法律职业人才教育培养 58 所基地之一。2013 年，广东财经大学建立卓越法律人才培养模式创新实验区；其二，贴合港澳大湾区的需求，设置特色实验班。目前设有“粤港澳大湾区法务”“企业法务”两个特色人才培养方向，开设两个实验班，专门为粤港澳大湾区建设培养应用型、复合型、创新型高级法律人才。“企业法务”方向，侧重于培养在国家机关、企事业单位、社会团体，特别是能在企业、仲裁机构和法律服务机构从事司法相关工作的应用型、复合型、创新型高级专门人才。“粤港澳大湾区法务”方向着重于培养熟悉粤港澳大湾区相关法律和政策，熟悉港澳基本法律体系，具有国际视野，满足粤港澳大湾区建设的高级法律人才。[②]

① 广东财经大学（原名广东商学院）跟重庆工商大学（原名重庆商学院）曾属于同一层次的商学院，后都已更名。故对于财经类高校“法商融合”卓越法律人才培养，二者有互相借鉴与学习的共通性。

② 潘巧：《突出财经院校特色 培养“精法通商”复合型人才——广东财经大学法学院院长鲁晓明谈法学教育》，《民主与法制时报》，2021 年 11 月 11 日，第 5 版。

基于有益建设的经验，以重庆工商大学的“法学”专业建设为例，其“法商”融合创新与发展应以立足与服务于重庆自贸区、“内陆国际金融中心”“RCEP”和“成渝地区双城经济圈”以及今后设置的成渝金融法院等建设所需的“法商”融合卓越法律人才为突破口，更好地体现高校服务于地方经济与法治建设。申言之，区别于本区域其他高校的“法学+工商管理”“法学+金融学”“法学+外语”等培养模式，建议尽快实施“法商”融合法学专业的实验创新班，即法学（金融法方向）与法学（企业法务方向），实现重庆市内法学专业差异化发展。具体而言，其一，从法学专业招生源头上宣传创新实验班，突出复合型、交叉融合特点，招收对“法商”融合感兴趣的文理科学生；经过大一通识教育后，允许财经、计算机等专业学生在符合规定的条件下，选拔到法学创新实验班学习；其二，建立学校与经济金融等实务部门联动培养人才的机制，可尝试“法商”人才培养定制服务试点，从市场需求源头上解决培养与就业问题；其三，等“法商”融合创新实验班发展到成熟阶段，可申请实行“法学”+“商学”类专业双学位制度，进一步扩大本校财经特色的法学专业优势，更好地服务于地方经济与法治建设。

（三）以需求为导向革新人才培养方案

“法商”融合人才培养应坚持市场导向，可从需求端改革来解决供给端的培养问题，即从学科导向转向以需求为导向，从专业分割转向交叉融合。这就意味着，以市场需求为准则，通过调研，掌握市场对“法商”融合人才的要求，从招生环节、专业培养方向、教学目标、课程设置、实践环节等一系列环节进行量体裁衣，以“法商”融合特色为核心进行人才培养方案的革新。

1.根据特色实验班的方向，进一步明确人才培养目标和就业去向

基于差异化和发挥区域人才供给创新要求，“法商”融合人才培养根据市场的需求，创设特色实验班，明确并准确定位人才培养目标和就业去向。以法学（金融法方向）与法学（企业法务方向）为例，法学（金融法方向）培养的目标可界定为：本专业立足于法学与金融交叉融合的学科优势与特色，

以习近平法治思想为指导，坚持“立德树人”“德法兼修”的培养理念，根据一流卓越法律人才培养要求，聚焦于培养具有法学和金融学扎实的知识结构，贯通“法商”双思维，能够适应金融市场法律业务及交叉融合需求，能够在金融实务部门（商业银行、投资银行、信托公司、基金公司、证券公司等从事金融法务与实务工作）、司法部门、金融监管部门等机构从事法与金融相关联与融合的工作的复合型卓越法律人才。法学（企业法务方向）培养目标可界定为：本专业立足于法学与工商管理交叉融合的学科优势与特色，以习近平法治思想为指导，坚持“立德树人”“德法兼修”的培养理念，根据一流卓越法律人才培养要求，聚焦于培养具有法学和工商管理扎实的知识结构，贯通“法商”双思维的融合与交叉，培养能够在国家机关、企事业单位、社会团体，特别是能在企业、仲裁机构和法律服务机构从事司法相关工作的应用型、复合型、创新型高级专门人才。

2.根据特色实验班的方向，完善“法商”融合法学专业课程设置

“法者，治之端也”，法者守规重责；商者求新，利国利民。“法商”融合，则意味着既要讲求规则思维与裁断思维，还要在合法的基础上具备商业的风险预防思维、创新思维与协调思维，即兼备法律与商科思维。换言之，要求“法商”融合人才既能处理商事领域的法律问题，又能从商事主体的角度去预防风险、妥善处理商事问题。其一，法学专业核心课程采取“1+10+X”分类设置模式，并根据专业方向进行取舍；其二，根据选择的方向不同，相应地设置工商管理、金融、数字技术、外贸、外语等课程模块。比如，德国锡根大学设置的法商结合专业，法学课程涵盖法律、经济、管理和信息等模块。[①]又如，美国普林斯顿大学通过法学和多学科融合，促进法律知识、法律发展、行政管理和社会运作[②]，基于此，“法商”融合人才培养应划分为不同

① 崔相龙：《德国的法商结合专业——锡根大学法学教育观察》，《法学教育研究》，2012年第1期，第305页。

② 李宝艳：《普林斯顿大学法学人才培养——多学科的探索》，《教育现代化》，2020年第7期，第13页。

的方向（法学+工商管理、法学+金融、法学+人工智能、法学+外贸等）[①]进行相应教学课程模块的设置；其三，设置商事领域实务部门授课模块。这个知识模块贴近于实务部门的运作与问题面向；其四，设置实践训练模块，按照法学思维—商业思维—法商融合思维—解决法商融合领域问题的思路，分阶段、分层由内到外地进行训练。

具体而言，根据教育部发布法学类教学质量国家标准（2021 年版），以重庆工商大学的“法学”专业建设为例，法学（金融法方向）和法学（企业法务方向）法学专业核心课程采取“1+10+X”模式，“1”指“习近平法治思想概论”课程。“10”指法学专业学生必须完成的 10 门专业必修课，包括：法理学、宪法学、中国法律史、刑法、民法、刑事诉讼法、民事诉讼法、行政法与行政诉讼法、国际法和法律职业伦理。“X”指各院校根据办学特色开设的其他专业必修课，包括：经济法、知识产权法、商法、国际私法、国际经济法、环境资源法、劳动与社会保障法、证据法和财税法。“X”选择的门数原则上不低于 5 门。就法学（金融法方向）而言，金融知识模块课程设置应包括：经济学原理、金融学、金融市场学、商业银行业务与经营、证券投资学、金融风险管理、国际金融、公司金融、互联网金融/数字金融等。其“法商”融合知识模块包括金融监管、证券法、国际金融法等。法学（企业法务方向）的工商管理知识模块课程设置包括：管理学原理、宏观经济学、微观经济学、统计学、会计学原理、反垄断与市场管制经济、组织行为、企业战略管理、财务管理、市场营销、运营管理、人力资源管理、产业组织学等。

---

① 例如，中国人民大学 2009 年以来合作推出“法学—工商管理”本科实验班，核心课程是中国法制史、外国法制史、法理学、宪法学、民法总论、民法分论、刑法总论、刑法分论、经济法学、行政法学、商法、金融法、国际经济法、税法、管理学原理、宏观经济学、微观经济学、统计学、会计学原理、反垄断与市场管制经济、组织行为、企业战略管理、财务管理、市场营销、运营管理、人力资源管理、产业组织学等。此外，法学院和商学院开设的 80 余门选修课可供选修。中国政法大学法商人才要求有管理、经济、法学的知识储备。西南政法大学开设“法学+工商管理”双学位专业，课程设置包括法学板块课程、工商管理板块课程、法商融合板块课程，特色课程有企业法务管理、法商管理学、企业战略管理、商法学、互联网知识产权法、网络与信息安全法等。

其“法商”融合知识模块包括：“企业法务管理”“网络与信息安全法”“法商管理学”“法商实务案例”等。同时，为了适应数字时代发展的需要，应增加相应的“数据法原理”等相关课程，强化实务技能知识模块。最终两个实验方向创新班课程设置要体现出管理学、经济学、金融学与法学相结合的知识体系，要使学生同时具备“法”“商”知识结构，能综合运用“法”“商”思维方式解决实际问题。

3.融入新技术，改变传统的法学教学范式

数字化时代，新兴技术对“法商”融合教育带来了深远的影响，主要体现在两个方面：其一，新技术改变了传统教育的范式；其二，新技术嵌入“法商”融合教育知识体系中。此处涉及数字技术知识素养，对应在课程知识模块之中，故不做赘述。就改变传统的法学教学范式而言，新技术的影响是巨大的。申言之，传统的教学模式无非就是“教师+教材+课堂”。反观教学效果，学生学习积极性不高、主观性不强。而新兴的技术，提供了纸质教材和网络的材料、案例、判决书等衔接，在线授课与教室授课相结合，微课、慕课、现场教学等新兴方式不断涌现。数字化网络技术的使用，使跨区域、跨国学习都成为可能，实现学习内容、方式及学习评价的无界化、全球化。[①] 此外，加强对“法商”融合教材的创新编写。目前，对于“法商”融合的交叉新兴教材编写还不到位，比如智能投顾、区块链、云计算、大数据、金融、工商管理等领域“法+商+科技”的教材问题突出。中国政法大学刘纪鹏教授于2019年出版的《法商管理学》，不失为这个领域锐意创新的典范。

（四）强化理论与实践互动，创新实践教学机制

大陆法系和英美法系的国家，都非常重视法学实践环节。商事领域贵在创新与风险的消除及争端的解决。数字时代的“法商”融合，在法学实践、商事实践与数字技术三者的加持下，对实践环节的要求更高。针对“法商”

① 张海鹏：《智慧法学教育：数字化时代法学教育的革新》，《法学教育研究》，2020年第2期，第97页。

融合实践培养存在的问题，应从以下几个方面进行创新：其一，形成一个系统性、循序渐进和层次化的实践教学机制。换言之，在初期侧重于法律司法裁断思维和商事思维的培养；在中期，侧重 “法”“商”两者思维的融合贯通；在后期，侧重实务部门的实践，贯通理论与实务。其二，在实践教学环节，首先通过互动式、讨论式和多元化的教学方式进行法律裁断式思维的培养；其次，通过商事领域的案件与实务问题，进行商事领域有关创新、风险预防和纷争解决的商事思维培养；最后，选取法商兼具的案例素材，进行融合贯通培训。其三，安排专门的时间，深入到实务部门进行实践培养，直面实务中“法商”融合需要解决的问题。此处实践环节，由实务部门导师主导，在校导师为辅助。其四，强化实践教学信息平台建设与合作。通过共建、共享与合作，充分利用数字技术带来的信息化的便利，建设与共享虚拟仿真“法商”融合实践平台。

具体到重庆工商大学财经高校类“法商”融合培养而言，实行“法”+“商”+“实务部门”联合培养与实践交流机制。具体而言，一是与实务部门签订联合培养协议，进行专项、定点、定做式的培养机制。如此一来，既能实现“法商”融合人才的量体裁衣式的培养，又能解决实务部门之需，还能解决学生的就业问题；二是实行“法”+“商”+“实务部门”联合导师培养机制，即人才培养实施理论与实务相结合和法商融合的导师组联合培养模式。以法学（金融法方向）与法学（企业法务方向）为例，拓展经济金融实务机构、金融法院、金融监管机构等实习与培养基地，邀请实务部门人士定期来校开办讲座或作为实务导师，学生定期去实务部门学习与实践，专业团队老师定期回访实务部门。通过课外信息网络，引进实务“法商”融合高级人才的在线指导与讲学。进而打通人才供给与需求的通道，贯通“法”“商”融合双思维与能力。

结 语

在数字时代，“法商”融合既契合了新文科创新要求的交叉学科发展的需要，也是数字经济与法治建设的内在需求。立足于市场内生需求，德国、美国相关大学均已开展“法商”融合培养的新模式，而不拘泥于大陆法系抑或英美法系传统法学教育的模式。我国的“法商”融合教育模式也在部分高校改革与创新中摸索前行。模式永远都没有万能且可以直接套用的。它往往与一个国家的经济、社会、文化、法律等方面紧密相关。如何跨越法律、商事与数字技术领域的认知鸿沟，以创新的精神、法商融合的思维、跨学科的方式整合智识，塑造具备社会主义法治国家情怀、跨界跨学科的格局和兼顾责任与创新的复合型、应用型人才，是一个循序渐进、不断校正和创新的过程。

参考文献

[1] 马长山. 迈向数字社会的法律[M]. 北京：法律出版社，2021.

[2] 克劳斯・施瓦布. 第四次工业革命：转型的力量[M]. 李菁，译.北京：中信出版社，2016.

[3] 郭雳. 创新涉外卓越法治人才培养模式[J]. 国家教育行政学院学报，2020（12）：39.

[4] 林俏. 财经类应用型法学人才培养的创新研究[C]. 辽宁省高等教育学会学术年会，2017.

[5] 卜元石. 德国法学与当代中国[M]. 北京：北京大学出版社，2021.

[6] 徐显明. 新文科建设与卓越法治人才培养[J]. 中国高等教育，2021（1）：13-15.

[7] 黄忠. 法商融合：法律硕士教育改革的新思路[J]. 学位与研究生教育，2016（2）：24-26.

[8] 刘同君. 新时代卓越法治人才培养的三个基本问题[J]. 法学，2019（10）：138.

[9] 刘卫先. 我国环境法学研究中的路径依赖及其克服[J]. 政法论丛，2016（5）：59.

[10] 龙卫球，初殿清. 新型工业化时代的法学教育——以北航法学教育改革为个案[J]. 中国大学教学，2017（1）：41.

[11] 李昌麒. 经济法理念研究[M]. 北京：法律出版社，2009：14.

[12] 李凤亮. 新文科：定义·定位·定向[J]. 探索与争鸣，2020（1）：5.
[13] 王霆. 美国 JD/MBA 法商复合型人才培养模式及其启示[J]. 高教探索，2017（2）：94.
[14] 崔相龙. 德国的法商结合专业——锡根大学法学教育观察[J]. 法学教育研究，2012（1）：305.
[15] 李宝艳. 普林斯顿大学法学人才培养——多学科的探索[J]. 教育现代化，2020（7）：13.
[16] 张海鹏. 智慧法学教育：数字化时代法学教育的革新[J]. 法学教育研究，2020（2）：97.

数字社会的高校法学教改研究

◎ 卢 博

【摘　要】在数字革命的强劲驱动下，高校法学教改已经成为一种迫切的时代要求。这使得法学教学面临着法学理论知识的数字更新、法学教学模式的复合探索、法学人才市场的供需重组等严峻挑战，法学教学改革也已势在必行。这既是确立数字社会法学教学基础地位的需要，探索数字法学教学模式转型的需要，也是推进数字法治转型和重塑数字社会法学教学目标的需要。因此，亟须重塑数字法学的知识理论体系，健全数字法学的教学模式，转换面向数字法治的教学理念，进而为“数字中国”战略实施和数字法治建设提供可靠的人才支撑。

【关键词】数字社会；数字法学；数字法治；数字教改

引 言

改革是教育事业发展的根本动力。全面深化教育领域综合改革必须更加注重改革的系统性、整体性、协同性，及时研究解决教育改革发展的重大问题和群众关心的热点问题，以改革激活力、增动力。[①]深化教学改革是高等教

作者简介：卢博（1990—），男，河南林州人，法学博士，重庆工商大学法学与社会学学院讲师，主要从事法学类课程教学研究。

基金项目：涉外应用型、复合型知识产权人才培养模式探索与创新，重庆工商大学教学改革研究项目（项目编号：212010）。

①《大力推进教育体制改革创新——论学习贯彻习近平总书记全面教育大会重要讲话》，

育改革的重要内容，而法学教学改革是深化教学改革中最重要的环节。如何培养出适应数字社会发展的创新型法学人才是深化教学改革的重要目标，也是当前高校提高法学教学质量亟须思考和解决的问题。《国家中长期教育改革和发展规划纲要（2010—2020年）》中指出：“深化教学改革，全面实施高等学校教学质量与教学改革工程，严格教学管理，提高质量是高等教育发展的核心任务，是建设高等教育强国的基本要求。”[①]《法治中国建设规划（2020—2025）》中指出：“法治兴则国兴，法治强则国强……建设革命化、正规化、专业化、职业化的法治专门队伍……构建凸显时代特征、体现中国特色的法治人才培养体系。”[②]我国于2015年提出了“数字中国”发展战略，2021年公布了《“十四五”规划和2035年远景目标纲要》，又在2022年印发了《“十四五”数字经济发展规划》，这一系列文件明确了建设数字经济、数字社会、数字政府、数字生态的目标。特别是党的二十大报告针对教育数字化进一步指出：“推进教育数字化，建设全民终身学习的学习型社会、学习型大国。”[③]基于这一背景，高校法学教学改革顺应高等教育改革和“数字中国”发展战略，为数字法治建设提供可靠的人才支撑，这无疑会引发法学教育面向数字时代的重大转型。

一、数字社会的高校法学教改的必要性

在数字社会里，高校法学教育受新兴科技革命的推动，承载着新理念、新使命、新内容和新方法的教学变革。这使得高校法学教学和研究为了适应新的时代要求和顺应新的社会形势，出现了互联网法学、人工智能法学、计算法学、数据法学、信息法学，同时还相应创设未来法治研究院、互联网法

《人民日报》，2018年9月17日。

① 《国家中长期教育改革和发展规划纲要（2010—2020年）》，人民出版社2010年版，第19页。

② 《法治中国建设规划（2020—2025）》，中国法制出版社2021年版，第1、24、26页。

③ 习近平：《高举中国特色社会主义伟大旗帜 为全面建设社会主义现代化国家而团结奋斗》，人民出版社2022年版，第34页。

治研究院、数据法治研究院、人工智能法学院等研究机构或学院。这些社会现象也反映出法学教改的目的，在于通过实体课堂与网络数字化、智能化教学资料的结合，打破传统课堂在时间、空间、算力以及认识范围的限制，使学习更有弹性与效率，从而激发学生的学习兴趣，促进教师专业发展，最终提升教育质量。因此，新时代法学教学改革与高校新文科建设所提倡的互动与合作的教学理念与法学本科实践性、应用性的教学目标高度契合，在高校法学本科教学活动中引入数字化、智能化的高校法学教学模式，就具有了重要的现实意义。

（一）确立数字社会法学教学基础地位的需要

在数字社会中，法学理论面临数据、算力、信息技术等诸多新兴法律问题，如何做好法律理论知识的更新，并在理论更新中做好知识的传授无疑成为法学教育改革和发展的关键。法学教学在高校法学教育体系中占据着重要地位，发挥着基础性、导向性作用。数字时代下社会对法律的需要不断增加和变动，新的法律被不断制定出来，而旧的法律也在不断地进行着更新，这就需要我们高校法学教学和学生的学习形式都要与时俱进，面向社会培养基础型、应用型法律人才。当前大部分高校法学教学仍采用传统以班级为单位的集体教学模式，该模式主要以教师主动讲授知识，学生被动吸收知识来进行。虽然这种教学模式在很长一段时期内一直是我国高校各个学科的主流教学模式，但是该模式的弊端在于，一“灌”到底式的知识传授路径，忽视了对学生问题分析能力、独立工作能力和适应社会能力的培养。[①]具体而言，灌输式的法学知识传授法的重点在于教师在特定场域和时空内主动向学生传授特定的法学知识，而学生则同步被动地、无选择性地去接受教师所传输过来的知识。这种知识的传输路径和知识流动的运作逻辑本身没有什么好坏之别，而“坏”的因素在于传输过程，这种传输方式忽略了学生主动学习、选择、获取以及创造知识的能力，也就使学生法学思维能力没有得到全方位的锻炼，

① 史建三：《法学教改中的“源”和“流”》，《法学》，1985年第7期，第10-12页。

不同思维方式和思维能力使学生可能因局限于一种传输形式而被差异化对待，进而造成在专业知识学习成效上的差异。例如，教师所固有的某种法学教学方式无法顾及持有各种相异思维方式的学生，这部分学生又是被动地去接受教师所传授的知识，造成他们在知识学习的成效上与其他同种思维方式的学生之间出现差异，对某些法学概念和知识点的理解、认识以及使用出现错位，无法达到课堂教学目标。而对法学知识的错误理解和使用或不准确地把握一些法学知识的问题，在课中或者课后是难以被学生发现的，为日后的法学思维能力的提升、学术研究、社会实践埋下“暗雷”，只有在实践或者考试中被动地发现对以前课堂所学知识的理解和使用错误。根据当下大学教学的考核情况，这种错误即使被发现，也会因考试结束或者实践的困境而得不到教师和专业人员的纠正。总之，传统课堂上教师教学模式所存在的固有缺陷，不利于发挥学生学习的主动性和积极性，尤其是当学生对某些法学知识点理解和运用产生错误时，无法得到任课教师对其的及时纠正。故而就需要数字社会法学教学方式的改革来解决上述传统法学教学的突出问题和缺陷，夯实在推进数字法治中法学教学的基础地位。

（二）探索数字法学教学模式转型的需要

在数字社会中对法学教学进行改革，应秉持新理念，确立新使命，赋予新内容，贯彻运用新方法，新理念、新思想、新战略必然会产生新学理、新范畴、新命题、新法学。[①]数字社会法学课堂学习方式不同于传统的法学教学模式，它趋向于一种多元化、去中心化、弥散性的教学方式，通过互联网、大数据、移动客户端等数字化载体，人人都是法学知识的传输者和接受者。[②]不同高校的不同法学教师对法学知识点的讲解都可以通过移动互联终端传到互联网上，每一位法学生可以通过自己或者他人的移动互联设备接受这些电

---

① 徐显明：《新文科建设与“新法学”教育的挑战和应对》，《新文科教育研究》，2021年第1期，第12-16页。

② 杨维东、董小玉：《高校网络课程建设的困境与优化路径》，《中国高等教育》，2019年第10期，第48-50页。

子化、数据化、图像化的法学知识，而且这种接受方式突破了时空的限制，学生们可以随时随地对相应的法学知识进行学习和讨论。同时，学生们对法学知识的理解和运用，又会创造和生产出新的法学知识，通过互联网和大数据等载体被更多人所接受、认识和学习。例如，最新的认知法学就是立足于法律和技术的密切融合，通过智能系统以数据化形式模拟法律行为人在实践中的一系列认知思维，从而提升智能系统对法律理解、知识表达、逻辑推理和自我学习的能力。①在数字社会中，将智能系统引入法学教学在一定程度上能够有效克服上述传统法学教学的局限，使学生可以在课堂内外同步、精准地接受到相应法学知识，并通过互联网载体得到相应的检验。具体而言，课堂上知识点的讲解以视频等互联网媒介形式由学生在课外时间内完成，而课题讲解时间则是被课内知识点讨论和实践运用等学习形式所代替。数字社会法学课堂教学模式充分释放了学生在学习过程中的自主性，使学生真正成为课堂的主人。同时，数字化的教学模式通过课堂和课后的及时试错与反馈，使学生能够及时发现自己法律思维和知识运用的误区，从而及时作出相应的修正和调整，以达到学以致用的教学目的。

（三）重塑数字社会法学教学目标的需要

数字社会法学教改立足于新时代，回应数字化社会实践的新的时代需求，建构新的数字化社会秩序，实现促进文科教育的融合化、时代化、中国化以及国际化的新目标。②新法学的教改为适应数字时代变革的新形势、新任务，其改革面向社会实践，主要方向是构建跨学科、跨专业的交叉复合型的课程知识体系，探索和强化交叉融合研究和实践。③具体而言，交叉复合的法学教

① 张妮、蒲亦非：《计量法学、计算法学到认知法学的演进》，《四川大学学报（自然科学版）》，2021 年第 2 期，第 10 页。

② 樊丽明：《新文科建设：走深走实 行稳致远》，《中国教育报》，2021 年 5 月 10 日，第 5 版。

③ 杨宗科：《适应新时代新要求 建设“新法科”“新法学”》，《法学教育研究》，2020 年第 1 期，第 29-46 页。

学体系为了满足差异化、个性化法学人才的培养需求，其内容主要涉及法学与计算机、医学、交通、工程等多学科的结合，特别是在大数据、区块链、人工智能等新兴技术知识领域发挥法学对社会改革的引导和规范作用。[①]在数字时代的人类社会中，其知识体系有别于传统的社会的知识体系，多元化、去中心化的知识体系打破了传统的知识壁垒，在社会实践中原有的行业传统和专业规范也被新的多领域、多专业的交融式发展模式所打破，故而新的法学教学也要面向社会、面向实践进行适应性、前瞻性改革。[②]新的法学教学改革不仅要在教学内容上适应新时代的需要，教学方法符合能力培养和知识吸收的客观规律，还要面向新的法律人才供需市场，培养出适应型的法律人才。例如，在实践中具有专业复合特色的数据合规业务越来越被市场所推崇，而高校在这方面的法律人才培养要滞后于市场的需求。因而，法学人才培养模式的改革不仅要在专业理论上提升学生的法学思维能力，激发学生主动学习的自主意识，还要面向实践增强学生应用法学知识的具体训练。既有的法学教学针对这一问题安排了相应的实践课程，虽然各种类型的实践项目在一定程度上有助于学生提升法学思维和运用法学知识解决现实问题的能力，但是对立和二分化的教学模式使学生在理论学习和法学实践上被割裂，无法真正实现理论和实践的有机结合。因而数字化的法学教学为了弥补传统教学在实践能力训练上的不足，通过数字化、智能化、信息化的网络技术将知识传输转移到课后，而课堂成为教师与学生、学生与学生间的知识生产和知识交换的场所，在课堂上每个学生可以更加充分地和老师、其他学生进行合作式学习。换言之，数字社会法学教学改革的目标在于将更为重要的时间投入到知识的生产、吸收以及内化过程中，从而实现法学教学目标和释放改革效能。

① 刘艳红、单平基：《以专业深度交叉融合助推新法科建设》，《民主与法制时报》，2021年2月4日，第5版。

② 危红波：《数字社会的法学教育因应——基于新文科建设视角的理论考察》，《华东政法大学学报》，2022年第3期，第169-176页。

二、数字社会高校法学教改的前提与范围

（一）数字社会高校法学教改的前提

要实现在高校法学教学领域应用数字化新型教学模式，“数字化环境、数字化文化、数字化课程安排以及具备数字化教学理论和方法的教师”这四个要素必须同时具备，缺一不可。换句话说，配套的数字化教学设施，教师的数字化教学能力和学生的自主学习能力，都是实现法学数字化教学改革不可缺少的重要因素。具体而言，数字社会高校法学教学改革的条件主要表现在以下方面：

1.数字社会的法学课程设置须符合具有数字化的学习环境

随着“数字中国”战略的实施，数字政府、数字司法、智慧司法、数字法院以及数字法治等数字化变革为高校法学在数字社会推行教学改革提供了外部条件，这也使法学课程的设置需顺应社会变革的发展趋势和回应数字时代的新需求。例如，法学课程的设置应与人才培养机制相结合，培养具有处理数据权益、司法区块链、算法治理、平台治理、司法人工智能法律问题能力的创新型人才，以适应和满足数字社会现实发展的需要。数字化的课程教学，不仅在时空维度上能够实现线上和线下学习的分离与良性互动，而且线上和线下的教学既是既有知识的“转运场”又是新知识的“生产场”。例如，“刑法学”课程，学生既可以在课前通过运用大数据信息去掌握既有知识的要点和难点，也可以在线下课堂或者线上课堂，在与教师、同学的互动和讨论中去获得启发，甚至产生出新的学术观点，推动理论创新。数字社会在不断地发展，数字社会的法学理论体系也要有相应的发展，而这种数字化发展的动力，并不在于法学理论体系本身，而在于法学的社会实践和科学研究。其不但为法学教学内容提供了新的研究成果，而且使新成果及时渗透到课堂教学内容中去。课程设置面向实践，课堂也就是第一实践场。教师通过案例教学法、苏格拉底教学法等教学方法，引导学生在课堂上主动地去参与讨论并互相协作地完成任务，而数字化的课堂教学训练也使每一位学生更好地适应数字社会的专业化需要。

2.数字社会的法学教学须构建以学生为中心的数字化学习场域

对于数字化的法学教学模式，教师不再是课堂教学的主导和学习的中心，学生通过大数据自学和师生间、学生间的有机互动才是这一教学法的关键环节。在课堂学习过程中，学生提前带着问题通过大数据、互联网进行自学，在浩瀚的知识海洋中摄取自己专业所需要的知识，在问题驱使下所进行的主动思考和学习也有利于培养学生学习的主动性和积极性。这种教学模式着重培养学生的创造性与批判性思维方式，使他们在精通法学专业知识与奉行伦理道德的基础上，掌握解决现实法律问题所必需的专业应对能力，能够扮演数字社会建设者的角色。但是这一教学模式课程对于学生专业能力的培养也要把握由近及远、由易到难层层递进的策略，便于学生们更好地去学习和领会。如果一开始就把问题设置得过大或者过于晦涩，学生难免生出“退意”，失去兴趣，更加无法实现数字化学习和训练，影响课堂教学的效果。

3.法学课程的内容设定应明确化和具体化

数字化的法学课程的显著特征在于交叉性、复合型，其不仅包含法学本身的专业知识，还需要涉及其他专业内容。例如，文理交叉的课程，需要培养文科学生具备理科的思维。故而对于数字化的法学课程内容，学生可能难以对这种新的学科内容和教学方法进行准确的把握和产生清晰的认知，这就需要教师发挥其主导作用。教师通过对教学课程内容进行明确化和具体化处理，引导学生去明晰哪些课程内容需要他们自己去学习、哪些需要教师的分析和讲解、哪些需要从社会实践中进行反思，从而精准地掌握每门课程的学习方法和内容。

4.数字化课堂教学需要教师具有更为全面的专业素养

数字法学教学教师必须具备较高的专业能力与职业素养，以利于引导学生参与到数字化的课堂教学中来，从而推动社会向数字社会转变。在数字法学教学模式下，教师不但要教授学生法学专业知识和其他相关专业所涉猎的知识，还要精准把握每位学生的学习能力以及评估他们的学习情况，这就需要教师具备更为全面的专业素养。例如，数字化的课堂教学虽然是以学生为中心的，学生需要通过互联网、大数据进行课前知识学习，在课堂上进行问题和知识点的讨论，但是教师在维持课堂学习秩序和评估学生知识摄入情况和认知差异等方面扮演着不可或缺的角色，尤其是当学生的学习方法、学习内容以及伦理道德等方面出现问题时，要能够及时对其进行指正。

（二）数字社会高校法学教改的范围

高校法学的数字化教学改革倡导的是一种实践性与过程性的全新教学理念，是信息革命对社会经济生活的深刻塑造而催生出的新法学教学模式[①]，正如工业化社会中所孕育的现代化教学方式一样。然而，数字化的法学教学改革并不是完全抛却原有的教学理念、内容、制度以及机制，而是在包容并蓄中形成了新的教学价值导向、知识体系以及教学模式。从课程设置角度而言，在高校数字法学教学中设置有多个层次的课程，包括必修、选修、综合实践等课程，且这些课程安排不再单纯强调对法学理论的掌握，而更加注重对现实法律运用和社会问题解决能力的培养。尤其是在数字中国建设过程中，国家和政府积极探索数字化治理、数字化规制、数字化教育等新模式，并密集出台了《网络安全法》《个人信息保护法》《区块链信息服务管理规定》《网络交易监督管理办法》《数据安全法》《互联网信息服务算法推荐管理规定》等一系列新法律。故而在课程设置上结合现实需求，通过必修课中的公共和专业课程来夯实学生的理论基础，以选修课程来强化学生的专业学习方向和个人偏好。数字化的课堂教学是以学生为主体的教学模式，在课程教学过程中注重对学生的信息检索、文书写作、法律谈判等专业能力的培养，并通过模拟法庭、实务实习等方式提升个人的职业伦理和团体的协作能力。教学方法的改进也是高校法学教学改革的初衷之一，数字化的交互式教学模式成为了实施高密度互动式教学的基础，也就是说，在高校的法学课堂授课过程中，不再是单向的知识灌输，而改换为师生双方深度交叠互动以及基于大数据的

① 支振锋：《新时代新格局需要新法治新法学》，《经济导刊》，2020 年第 10 期，第 17 页。

多向问题探讨。例如，在大数据和智能化加持的条件下，专业必修课的网络知识资源非常丰富，学生可以课前学习并记录下自己学习过程中存在的疑问和知识点等，特别是一些法学课程内部的知识体系和理论研究可能存在多重理论观点，更需要学生提前准备自己的观点，以便通过课程的讨论来提升和丰富自己的认识。还有一些新兴课程，由于学科建设刚起步，专业内部存在较大的理论争议，数字化的教学方式可能会制约知识的传授，为了保证学生的学习效果和教师的授课方法科学，不适宜采用这种新的教学方式。因而，无论是课程性质、教学环节安排还是课程形式等方面都应当有一定的原则和限制。数字化的课堂教学应用于高校法学教育的范围，除了受到课程性质的限制外，教师还应当对教学内容本身进行评估。教师应当决定课程哪部分适合讨论与直接教学，课程内容哪部分可利用视频播放，课程哪部分适合学生更深入地学习探究，以达到学生的学习目标。这不仅是因为所需修习的专业课程更加丰富，要准备在课堂上参与讨论也必须花费更多时间进行预习准备，而且也因为所面对的考核压力更加直接，成绩评定与课堂表现直接挂钩。因此，教师需结合数字化信息整合教学视频和课堂学习活动，创造多元评价考核机制，以确认学生的学习成效，教师对于应用数字化课堂教学的内容、形式、标准等方面要作出范围上的限定。

三、数字社会高校法学教改应注意的问题

在数字化时代人工智能等新兴技术创造性地破坏了原有的社会结构和主体间关系，国家、社会、个体等多元力量之间通过多重互动、博弈构建着新的社会秩序、运作逻辑以及主体关系，其中最具代表性的就是多元主体都会成为知识、秩序的生产者和创造者，这也是为何有学者认为这是一种“众创”式制度变革。[①]这些数字化探索的动力也源自数字时代社会发展所倚仗的新式运作逻辑，反映到高校法学教学改革方面，数字化的教学模式体现着新的数

① 马长山：《智慧社会建设中的“众创”式制度变革——基于“网约车”合法化进程的法理学分析》，《中国社会科学》，2019 年第 4 期，第 92 页。

字化思维、新的数字化概念和新的数字化新方法。这些数字化的法学教学变革使许多传统教学所依赖的方式、理论以及技巧被舍弃，新的教学理论和知识体系在实践中被生产和构建。[①]新的数字化课堂教学的优势获得彰显的同时，也要尽可能预估其可能产生的问题，规避其可能出现的风险和不足。其中主要注意以下几个问题：

（一）在高校数字法学教改过程中知识理论转化能力弱

在面向数字时代的重大转型期，高校法学的数字化教学改革面临教学资源供需复杂性、多重风险的不确定性，这意味着学校教学资源供给与学生需求之间可能会遇到“数字治理不能”的教学困境，即个人利益与集体利益难以兼容。为此，高校在教学改革过程中需要培育学生数字化学习的自主性意识，主动转化互联网和大数据中的学习资源为己所用，且教师应引导班级学生去适应数字时代的这种学习形式。例如，参与数字化课堂教学的教师和学生基于路径依赖误将传统课堂的学习方法或教学方法直接迁移进数字化课堂，这种做法使数字化课堂教学知识转化能力减弱。学生不仅是数字化教学改革的主要参与者，也是数字中国和数字社会的建设者。数字化的课堂教学真正的目的是通过课堂教学实践引导学生从知识接收者转化为主动学习者和知识的创造者。教师在课堂教学中的引导行动直接关系学生对于数字教学理念认同的程度，继而影响学生参与数字化教学改革和专业能力培养的成效。在日常教学过程中，教师有限的精力和教学资源配置的不平衡，呈现出学生课下通过智能设备学习专业知识“弱意识”和课堂学习任务“强意识”的特征。具体而言，教师在课堂教学中需要集中注意力应对学生在课堂上的提问和问题的讨论等学习任务，而对于课后的学习任务或者个人的自主学习情况往往难以兼顾。对于学生课后的学习成效，教师一般遵循“不出事逻辑”，只要学生不提出意见，往往只是以提醒或者建议的策略来应对学生的课后学习活动。教师作为数字化教学改革的主要参与者和课堂教学的主导者，虽然

① 克里斯多夫·库克里克：《微粒社会——数字化时代的社会模式》，黄昆等，译，中信出版社2018年版，前言第12页。

在表征上常常带有某种“不作为”特征，但是在深层上源于注意力和数字化教学资源不足。也正是高校法学的数字化教学改革表征未及时解决日常学生学习诉求，不利于学生在数字时代转变新的学习理念和对教学方式的认同，甚至可能给数字化教学改革集聚更大的风险。因此，法学的数字化教学改革的成败不仅仅受制于课堂主导者（教师），而更重要的是主要参与者（学生）。在教学中，教师通过数字化的阅读、写作和思想陈述等训练方式引导学生转变其原有的思维习惯，使学生养成主动参与课堂学习、数字化学习方式、数字化法律思维等学习观念，从而使数字化课堂教学的效益最大化。实施“数字中国”战略是推动高校法学数字化教学改革的一次契机，聚合学生对数字化教学改革的认同，整合和转化教学过程中的未成形资源。

（二）数字法学的教学模式不健全

数字社会法学的教学模式，不再局限于传统的人文社科式的教学模式，还应在数字化条件下运用现代科技、信息技术、人工智能、算法等新兴方式探索新的法学教学模式。在数字化教学改革过程中，互联网和智能化设备是推动学生参与数字化学习的重要载体，是衔接公共学习资源与学习的桥梁和纽带，向下帮学生预习、复习相关专业知识，向上传递学习诉求和带动师生间、学生间互动交流，助力课堂教学形成一种多元协同学习格局。这不仅需要做好现有专业、方向、课程的更新、优化、改造、提升和赋能，还需要加快多学科、新专业、新课程、新方向的探索与增设。①教学的各类课程皆是教学改革的一部分，既包括以专业学习为主要目标的必修课，例如宪法学、刑法学、民法学、法理学等，也包括以兴趣为导向的选修课，例如美学、统计学等，呈现出深度交叠互动的教学态势。②学生是参与高校法学的数字化教学改革的重要主体，需要在教师的主导下，加强与同学之间的多元学科知识互动交融、深度交叠互动，用数字化教学模式凝聚共识，形成践行数字化教学

① 徐飞：《新文科建设：“新”从何来，通往何方》，《光明日报》，2021 年 3 月 20 日，第 10 版。

② 危红波：《数字社会的法学教育因应——基于新文科建设视角的理论考察》，《华东政法大学学报》，2022 年第 3 期，第 169-176 页。

改革的强大合力。教师承担起日常课堂教学过程中的专业知识补充、协调学生交流互动的责任，但在突发或特殊情况下亦易依赖于传统灌输式的教学模式。人性内在的趋利性使一些教师和学生按照“趋利避害”的逻辑去行动，教师在教学中追求考核标准，而学生在学习过程中追求自身喜爱科目的最大化，忽视对多种科目和学习方法的良性构建与再塑，故教学模式被异化，呈现出明显的“个性化”和“功利化”倾向。最显著的后果是学生学习的行动逻辑与数字化教学改革的模式取向存在一定相异，虽然可以围绕个人利益使班级学生的学习活动由无序状态变为有序状态，但假如缺乏正确的数字化教学模式的加持，个性化的学习理念和方式难以把分散的个体粘合为一个相互学习的集体，把有限的个体力量凝聚为强大的集体合力。这无疑使得此类学生逐步受制于绝对且单一的认识结构，使得原本基于数字化教学模式和多样化数字社会有利性的多元质态发生异化。其结果是学生未能担负起应有的数字化教学改革和数字社会建设责任，起到维护公共利益和秩序、为社会提供法律服务的作用。当学生以个人利益得失为中心来学习，则于其他非经济方面相对弱化。在实施高校法学的数字化教学改革过程中，高校需要构建健全的数字化教学模式去规范教师和学生的行为，凝聚他们在教与学过程中的共识，使数字化教学模式的效能得以充分发挥。

（三）数字法学教改的教育理念转换滞后

高校法学教改必然是数字时代的一种范式转换，法学教育理念无疑也需要进行转换和升级。数字化教学理念是学生参与数字化教学改革的精神支柱、行动向导，是促进学生间合作学习的关键因素。合作是试图满足彼此有冲突、有共同目的的个人或组织的需要的行为。尤其是在实施高校法学的数字化教学改革过程中，培育和践行数字化教学理念，有效凝聚学生的共识，使学生在学习和生活中互相依赖并在理性判断的基础上消除对不确定性的恐惧，增强学生的共同体意识。学生在课堂上的合作式学习是群体或班级内部的学生为了某些共同的学习目标而合作的能力。这种合作能力取决于共同体内规范和价值共享的程度，并且它能让个人学习活动服从整体的学习目标。知识共享缔造合作基础，而合作式学习不仅具有巨大的且可衡量的分数价值，而且具有把自我学习和团结互助结合起来的集体价值。学生合作学习的动力不足不仅不会使数字化教学机制发挥高效的培养能力，反而会使班级内的学生丧失为了某些共同学习目标而合作的能力。在“数字中国”战略实施的大环境下，个人自学能力在数字化教学活动中起决定性作用，推动班级学生知识需求的日益多样化、班级学生关系的原子化，同时学生群体的思想呈现多样化、理念多元化等特点。这些现象反映出高校的数字化教学改革过程中，许多教学制约因素被消解，学生关系甚至师生关系呈现疏离化态势。尤其是学生在学习过程中的互助关系的原子化，使学生的学习理念倾向于实用化、功利化，偏离数字化教学理念，个体间的学习关系网和互惠规范趋于断裂、失效，面临集体行动困境。因此，数字化教学理念融入教学改革的重要性在于要矫正偏离的学生学习理念倾向，提升学生与学校、教师、同学等参与主体相互合作、共同参与到数字化教学改革中的积极性和协同性，推动各方面集中精力投入到数字化教学改革中来，形成应对数字化教学改革难题的强大合力。

四、数字社会高校法学教学改革的前景展望

我国的“十四五”规划和2035年远景目标纲要明确指出，要加快数字化发展，提升公共服务的数字化智能化水平，“推动社会化高质量在线课程资源纳入公共教学体系，推进优质教育资源在线辐射农村和边远地区薄弱学校，发展场景式、体验式学习和智能化教育管理评价”[①]。这无疑使得现代高校法学教学的条件和基础发生了深刻改变，既有的法学教学方式和评价机制对学生新的学习需求、新的社会秩序环境、新的社会关系、新的知识结构等难以囊括和套用。我国在数字化、智能化技术与教育融合的基础上推动高校法学教学改革，须营造高质量的数字化教学环境以及创新型教学模式。数字化的课堂教学作为数字中国建设中的一种新型法学教学样态，以数字化转型整体驱

① 《中华人民共和国国民经济和社会发展第十四个五年规划和2035年远景目标纲要》，人民出版社2021年版，第55页。

动高校法学知识传授方式、生产方式、实践方式变革，给传统课堂带来了巨大的冲击，数字法学教学的发展也给高校、学生以及社会带来了新的契机与活力。目前，疫情防控的大环境下数字化课堂教学模式主要表现为讲课只囿于原有教材和课件，无法通过互联网激发学生学习的积极性和主动性。这一现象并非局限于法学教学，在其他专业和中学、小学的线上教学中也有表现。法学专业作为一门具有较强实践性的学科，如果社会实践和科学研究活动没有受到应有的重视，那么教师和学生之间流动的专业知识也就无法得到更新，教学内容自然会不可避免地趋于陈旧，教学内容也就难以适应社会发展的需要。在疫情防控的背景下，在高校法学教学中引入和应用数字化的课堂教学模式，对教学内容的更新、瞄准社会实践以及提高科研创新方面的教学改革具有一定的推动作用，尤其对培养高质量的法律人才具有不可忽视的现实意义。

在法学教学中引入和应用数字化的课堂教学模式是一种新兴的教学模式，虽然它在疫情环境下已经有多所高校实施，以及与学生实现了良好互动，但对于大多数的高校法学教师而言，因为数字化的课堂教学作为一种新生事物，相应的配套设备和公共数据共享能力还未能跟上，再加上一定时间内未能完全掌握和熟练运用该种教学方式，故而无法发挥出这种新型教学模式的特性、功能以及优势。同时，数字化的课堂教学这一教学模式并非适用于每一位教师、学生或每间教室，可能因数字资源不足而无法实施该教学模式。虽然数字化的课堂教学在理论上和部分领域实施成效良好，但不能以“一刀切”的方式将其运用到高校的教育体制上。对于高校法学教学而言，要引入数字化的课堂教学模式，应该在教学实践中根据每个学校的实际情况和学生的实际基础灵活应用，不能简单地照搬，而是应当分别从教学设备、课程性质、教师专业能力与师生心理调适这四个方面考虑数字化的课堂教学的实施范围和标准。

综上所述，高校法学教学应当有条件地引入数字化课堂教学模式。实践中，已经有一些法学教师在尝试该教学效果后取得不错的教学成效，虽然他们都遵从相同的数字化的课堂教学理念，但他们的具体实施方式和特点各有不同。因而基于实践经验和理论指导应先从法学专业基础课的应用开始探索，弥补传统教学的不足，实现两者的优势互补。具体而言，在数字化的课堂教学的应用范围上也要有所限制，不要急于全盘采用，有些课程如果有些章节适合采取数字化的课堂教学模式，可以从适合的章节做起，采取以点带面的方式，逐层渐进地引入模式。这种以大数据为载体的教与学相结合的新型模式必然会为法学教学改革提供新的发展契机，提升高校法学教育的成效。

参考文献

[1] 国家中长期教育改革和发展规划纲要（2010—2020 年）[M]. 北京：人民出版社，2010.

[2] 法治中国建设规划（2020—2025）[M]. 北京：中国法制出版社，2021.

[3] 中华人民共和国国民经济和社会发展第十四个五年规划和 2035 年远景目标纲要[M]. 北京：人民出版社，2021.

[4] 克里斯多夫·库克里克. 微粒社会——数字化时代的社会模式 [M]. 黄昆，等，译. 北京：中信出版社，2018.

[5] 马长山. 智慧社会建设中的“众创”式制度变革——基于“网约车”合法化进程的法理学分析[J]. 中国社会科学，2019（4）：92.

[6] 徐显明. 新文科建设与“新法学”教育的挑战和应对[J]. 新文科教育研究，2021（1）：12-16.

[7] 刘艳红，单平基. 以专业深度交叉融合助推新法科建设[N]. 民主与法制时报，2021-02-04.

[8] 徐飞. 新文科建设：“新”从何来，通往何方[N]，光明日报，2021-03-20.

[9] 危红波. 数字社会的法学教育因应——基于新文科建设视角的理论考察[J]. 华东政法大学学报，2022（3）：169-176.

[10] 支振锋.新时代新格局需要新法治新法学[J]. 经济导刊，2020（10）：17.

[11] 杨维东，董小玉. 高校网络课程建设的困境与优化路径[J]. 中国高等教育，2019（10）：48-50.
[12] 张妮，蒲亦非. 计量法学、计算法学到认知法学的演进[J]. 四川大学学报（自然科学版），2021（2）：10.
[13] 杨宗科. 适应新时代新要求 建设“新法科”“新法学”[J]. 法学教育研究，2020（1）：29-46.
[14] 樊丽明. 新文科建设：走深走实 行稳致远[N]. 中国教育报，2021-05-10.
[15] 史建三. 法学教改中的“源”和“流”[J]. 法学，1985（7）：10-12.

论我国涉外知识产权人才培养存在的问题及对策

◎ 焦海洋

【摘　要】涉外知识产权人才培养是知识产权强国建设、创新型国家建设、“一带一路”倡议实施、全球知识产权治理的深度参与，以及更高水平对外开放的内在要求。然而，当前我国涉外知识产权人才缺乏，且在涉外知识产权人才培养方面尚存不足，主要表现在高水平师资缺少、课程开设不科学、实践教学环节不够等。为此，立足于应用型、复合型和创新型涉外知识产权人才的培养，应当优化知识产权师资、科学设置课程、强化实践教学，完善培养方案。

【关键词】涉外知识产权人才；培养方案；专业实践

一、涉外知识产权人才培养的紧迫性

（一）知识产权强国战略实施和创新型国家建设的现实需要

《中华人民共和国国民经济和社会发展第十四个五年规划和2035远景目标》提出，“实施知识产权强国战略，实行严格的知识产权保护制度，完善

作者简介：焦海洋（1984—），男，法学博士，重庆工商大学知识产权系副教授，硕士生导师，主要从事知识产权人才培养，知识产权课程教学创新方面的研究。

基金项目：涉外应用型、复合型知识产权人才培养模式探索与创新，重庆工商大学教学改革研究项目（项目编号：212010）。

知识产权相关法律法规，加快新领域新业态知识产权立法”。从现实情况来看，知识产权已成为一个国家核心竞争力的重要组成部分。一国综合国力的竞争归根结底是人才的竞争。目前，在知识产权领域的竞争的主要表现就是世界各国知识产权涉外人才的竞争，美国、日本、韩国等国家相继出台了国家知识产权战略纲要，均强调对知识产权人才的培养。[①]

在中央全面依法治国工作会议上，习近平总书记指出：“要坚持统筹推进国内法治和涉外法治。”[②]“加强涉外法治人才培养。”[③]涉外法治人才当然包括涉外知识产权人才。而习近平总书记在主持中央政治局第二十五次集体学习时强调，各级党委和政府要“重视知识产权人才队伍建设”。知识产权人才是我国知识产权事业发展的人力资源保障，也是落实我国知识产权各项工作、深入贯彻实施国家知识产权战略的重要保障，在推进知识产权强国建设中具有举足轻重的地位。[④]申言之，知识产权强国战略、“一带一路”倡议的实施、创新型国家建设和高水平对外开放无不需要高水平的知识产权人才。目前，我国涉外知识产权高端人才缺口较大，远不能满足我国高质量发展和扩大开放的需要，亟须聚合各方资源、创新人才培养体制机制，为保障和服务高质量发展、高水平对外开放提供人才支撑。[⑤]

---

① 季景书：《后金融危机时代我国涉外知识产权人才的培养》，《生产力研究》，2012年第9期，第100页。

② 《习近平在中央全面依法治国工作会议上发表重要讲话》，https://politics. gmw. cn/2020-11/17/content-34376842.htm,2020年11月17日。

③ 党的十八大以来，习近平总书记多次围绕涉外法治和法治人才建设发表重要讲话，强调加强涉外法治专业人才培养。参见郑雅方、江必新：《加强涉外法治人才培养的四个维度》，https//baijiahao.baidu.com/5?id=1698768456599261552 8wfr=spider&for=pc，2021年5月4日。

④ 冯晓青：《我国理工背景知识产权教育与人才培养模式探析》，《工业和信息化教育》，2018年2月刊，第4页。

⑤ 董涛：《培养涉外知识产权高端人才》，《人民日报》，https://www.sohu.com/a/ 346000127_120196169，2019年10月8日。

（二）我国深度参与全球知识产权治理的题中之义

《知识产权强国建设纲要（2021—2035 年）》专门提出“做好涉外知识产权律师培养和培训工作，加强知识产权国际化人才培养”，并强调深度参与全球知识产权治理。习近平总书记指出：“统筹推进知识产权领域国际合作和竞争。要深度参与世界知识产权组织框架下的全球知识产权治理，要深化同共建‘一带一路’沿线国家和地区知识产权合作。”

在国际法治的背景下，全球知识产权治理必然是规则的治理。毋庸置疑，规则的制定和完善是深度参与全球知识产权治理的重中之重。我国要全面参与并积极推动知识产权国际保护规则的制定、完善，要掌握话语权。而知识产权国际保护规则的制定、完善，与共建“一带一路”沿线国家和地区知识产权合作的深化，必然需要精通知识产权国际保护规则和外语等的涉外知识产权人才。

（三）我国走出去企业知识产权管理、布局和维权的内在要求

国家知识产权局印发的《关于进一步加强知识产权维权援助工作的指导意见》提出“加强人才队伍、服务平台和信息化建设，切实提高维权援助公益服务水平”。事实上，我国企业走出去进程中遭遇的知识产权纠纷越来越多。我国一直是美国实施“337 调查”的重点国家。其中，2019 年，美国国际贸易委员会（ITC）发起的 47 起“337 调查”案件中有 27 起案件涉及中国企业，比 2018 年多 8 起，创历史新高。中国企业涉案量占比达到 57.45%。27 起案件中，共涉及中国企业 117 家，全部为被调查对象，比 2018 年多 66 家。①

此外，我国企业多件商标被抢注，严重影响了商品出口和海外市场拓展。2017 年，中国 120 多家玩具礼品企业在智利遭遇商标抢注，北京老字号“王致和”在德国遭遇商标抢注，“大宝”在美国、英国、荷兰、比利时被他人抢注商标，“大白兔”商标在美国、英国、日本、菲律宾、印度尼西亚遭遇

① 国家海外知识产权纠纷应对指导中心：《2019 年美国“337 调查”研究报告》，http://cacs.mofcom.gov.cn/article/flfwpt/zscqjbl/threezn/202008/165801.html，2020 年 8 月 21 日。

抢注。中华商标协会发布 2021 年度国际商标监测预警报告显示，“有 45 家知名企业商标有被抢注记录，年度被抢注比例达 14%”[①]。可见，我国企业走出去应当注重知识产权管理、知识产权布局、知识产权预警和知识产权海外维权。其中，涉外知识产权人才是关键。

综上，我国涉外知识产权人才培养迫在眉睫，但是涉外知识产权人才培养尚存不足之处。

二、涉外知识产权人才培养的症结所在

涉外知识产权人才是复合型、应用型人才，要具备交叉学科知识，精通外语，并具有一定的实务技能。然而，当前多数院校的师资结构、课程开设和实践教学等与涉外知识产权人才的培养要求不相匹配。

（一）知识产权高水平师资缺乏，分布不均

知识产权专才是名副其实的复合型人才，而涉外专才则要求更高。首先，在专业知识结构上，必须是跨学科、复合型。其次，在技能上，要能够熟练撰写专利文献，特别是能够运用英语撰写专利文献、起草相关文件，使用英语进行沟通。[②]而知识产权师资的素质和水平直接决定涉外知识产权人才的培养质量。故此，为培养涉外知识产权人才，知识产权专业教师应当契合涉外知识产权人才的培养要求。概言之，知识产权专业教师应具备交叉学科知识，精通外语（能用外语讲授专业知识），且具有一定的实务经验。

虽然经过多年的发展，我国已经形成了一支初具规模的知识产权师资队伍，但是从整体状况来看，师资队伍的人员数量、学历结构、学缘结构、知

---

① 中华商标协会：《中华商标协会会员企业 2021 年度国际商标监测预警报告》，http://www.cta.org.cn/ywdt/202201/W020220113429518738266.pdf，2022 年 8 月 21 日。

② 张小明：《跨国竞争呼唤涉外知识产权人才》，《国际人才交流》，2005 年第 10 期，第 55 页。

识结构等诸多方面都还存在较大差距。[①]从实际情况来看，各高校的知识产权师资配备情况不一，差异明显。知识产权师资的地域分布也不均衡。据调查显示，北京、上海和武汉等地高校知识产权师资的数量和质量都处于领先地位，而其他地区就比较薄弱。[②]

（二）知识产权专业课程开设不合理

承前所述，涉外知识产权人才理应系统掌握知识产权国际保护的知识，主要国家的知识产权法律制度，精通外语，并具备一定的实务技能。但是从现实情况来看，部分高校开设的课程不包括或者较少涉及知识产权实务、知识产权国际保护或主要国家的知识产权法律制度，或者未开设知识产权的外语课程或双语课程。

众所周知，专业课程是学生学习专业知识的基础。诚然，各高校知识产权专业开设的课程有不同类型。课程的类型和内容当然在一定程度上决定着学生的知识结构和知识体系。课程的类型和内容不科学、不合理固然不利于学生形成完整、科学的知识体系。在法学新文科建设背景下，交叉学科课程的开设必不可少。涉外知识产权人才的培养显然对课程类型和课程内容的要求更高。

（三）知识产权理论教学和实践教学脱节

习近平总书记指出："法学学科是实践性很强的学科。法学教育要处理好知识教学和实践教学的关系。"[③]知识产权专业更是如此，原因在于知识产权的专业性和实践性较强，并且涉及实务知识。可是，从现实情况来看，部分

① 郑辉、苗培：《知识产权人才培养的师资队伍建设研究》，《知识产权》，2012年第11期，第83页。

② 同注释①，第84页。

③ 习近平：《全面做好法治人才培养工作》，载自习近平《论坚持全面依法治国》，中央文献出版社2020年版，第177页。

高校知识产权专业实践教学环节所占课时较少，且与理论教学内容的联系不够紧密。

而知识产权的教育方式还是以教师讲、学生听的方式为主，很少引入理工科教育中的实验、实训等手段，真正让学生在实践中学习和理解相关知识的教学方法并没有得到普及。[①]学生对于实务知识的积累不足，对于理论知识的理解不够。相比于与我国知识产权法律制度相关的专业知识，涉外知识产权知识的学习难度更大。因此，通过实践环节深入理解涉外知识产权相关知识十分必要。

（四）涉外知识产权人才培养未紧密对接需求侧

涉外知识产权人才的培养应当面向用人单位的用人需求，服务知识产权强国战略、"一带一路"倡议的实施，服务经济和社会发展。目前，部分高校知识产权人才培养方案的制定和完善未充分考虑用人单位的用人需求，导致培养出的知识产权人才不符合用人单位的用人需求。

毫无疑问，用人单位对于涉外知识产权人才的用人需求不同于知识产权人才。高校在培养涉外知识产权人才时应当注意区分。同时，供给侧和需求侧不应脱节，应当紧密衔接。高校在培养涉外知识产权人才时，应当关注需求侧。

三、涉外知识产权人才培养的因应之策

涉外知识产权人才培养是一个系统工程，需要多维联动、多管齐下，形成合力。

① 王莲峰、戴彬：《我国理工背景知识产权人才培养现状及培养模式研究》，《工业和信息化教育》，2018 年 2 月刊，第 12 页。

（一）外引内培，优化知识产权师资

师资结构、师资力量和师资水平在一定程度上决定着人才培养质量。涉外知识产权人才培养对于师资提出了更高的要求。通过前述分析可知，当前我国部分高校知识产权师资数量不足，结构不尽合理，并且地域分布不均。

就知识产权师资而言，不同的高校存在的现实问题不同，故应具体问题具体分析，区分不同情况采取相应的解决措施，主要包括：

1.引进优秀的海外知识产权师资

基于自身知识产权师资的缺口，面向涉外知识产权人才培养的现实需要和要求，高校应当明确对于拟引进海外师资的具体要求，制订人才引进计划和聘期考核指标。考核指标的设定一定要围绕着涉外知识产权人才的培养，比如，全英文课程、双语课程或交叉学科课程的开设，知识产权人才海外交流等。

2.着力培养现有的知识产权师资

立足于现有的知识产权师资，不断提高知识产权师资的教学科研水平。第一，发挥优秀教师的示范作用和“传帮带”作用，与知识产权青年教师结对子、指导青年教师，充分挖掘知识产权青年教师的潜力，不断提高知识产权师资的授课水平。第二，支持知识产权青年教师出国访学，大力提高知识产权青年教师的外语水平和专业知识水平（如，深入学习其他国家的知识产权法律制度）。第三，搭建平台，创造机会，促进与其他高校的优秀知识产权师资交流。通过交流合作，取长补短，提高现有知识产权师资的教学科研水平。

3.增强知识产权师资的实务经验

如前所述，涉外知识产权人才应当是复合型、应用型人才，须具备一定的实务技能。基于此，知识产权师资应当具备一定的实务经验。通过参加国家知识产权局组织的培训、邀请实务专家讲座、支持知识产权师资到实务部门挂职锻炼等方式提高知识产权师资的实务技能，丰富知识产权师资的实务经验。

4.深化涉外知识产权人才培养的国际合作

涉外知识产权人才必然要走出去。通过深化与国外知名高校或科研机构的合作，实现引进来和走出去相结合，构建国内外双向互动、合作共赢的涉外知识产权人才培养机制。

首先，可邀请国外高校或科研机构的知识产权学者或研究人员为学生授课，或开展系列讲座，使得学生能全面学习国外知识产权法律制度；其次，可与国外高校开展短期交流，互派学生或支持知识产权教师出国访学；最后，可与国外高校就涉外知识产权人才的培养开展合作。

（二）形成科学的课程体系和高水平的教学团队

以教育部《法学类教学质量国家标准（2021）》《关于深化本科教育教学改革全面提高人才培养质量的意见》，以及教育部、中央政法委《关于坚持德法兼修实施卓越法治人才教育培养计划 2.0 的意见》等的要求和涉外知识产权人才培养目标为指引，设置、完善课程体系。

1.开设知识产权全英文课程及双语课程

全英文课程和双语课程的开设有助于提高学生的外语水平，为其从事涉外知识产权实务工作奠定基础。诚然，双语法律教学是培养卓越涉外法律人才的必然要求和重要途径，双语法律教学应直接定位于培养卓越涉外法律人才。①全英文课程对于涉外知识产权人才培养的重要性不言而喻。知识产权全英文课程和双语课程教学应以培养涉外知识产权人才为目标。

课程教学内容的设置、教学环节的设定，教学方法的运用均应考虑涉外知识产权人才培养的要求。鉴于全英文课程和双语课程的学习难度相对较大，上述课程应实行小班教学、扩大学生参与，以学生为主体，充分调动学生学习的积极性。同时，课程应注意训练学生的英文口语表达和书面写作能力。

---

① 刘海虹：《涉外卓越法律人才培养的双语教学模式探索——以〈知识产权比较案例研讨〉双语课程的教学实践为例》，《中国法学教育研究》，2014 年第 2 期，第 36 页。

2.开设知识产权国际保护或比较知识产权等课程

涉外知识产权人才需要掌握涉外知识产权的相关知识，比如，知识产权的实体法律制度、知识产权的取得、知识产权的实施和知识产权维权等。不仅如此，涉外知识产权人才应当掌握国际公法、国际私法和国际经济法的相关知识。原因在于涉外知识产权法律关系有不同类型，包括不同的主体，国家、政府间的国际组织，自然人或企业等。

为此，应当形成涉外知识产权的课程体系，如国际知识产权法（系统学习知识产权国际保护相关的多边条约）、国外知识产权法律制度和知识产权案例分析，以及国际公法、国际私法和国际经济法等。其中，知识产权案例分析旨在培养学生独立分析问题、解决问题的能力，使学生积累一定的实务经验。该课程应当以国外典型的知识产权案例为内容，通过案例分析使学生理解和掌握国外的知识产权法律制度，并能够准确运用所学知识。

3.开设交叉学科课程

众所周知，知识产权与理工科存在密切的联系。如专利的申请、专利申请文件的撰写和专利维权等均需要理工科的知识；又如知识产权的管理、运营和价值评估等均需要经济学和管理学的知识。

涉外知识产权人才应当是复合性人才，具备知识产权相关学科的知识背景。故，为培养复合型的涉外知识产权人才，知识产权专业应当设置交叉学科课程，并在条件具备的情形下实施辅修专业制度。《教育部关于深化本科教育教学改革全面提高人才培养质量的意见》专门提出："促进复合型人才培养，逐步推行辅修专业制度，支持学有余力的全日制本科学生辅修其它本科专业。"而辅修专业制度应当明确申请辅修的条件，辅修时间、辅修专业范围和考核方式等。就涉外知识产权人才培养来说，辅修专业的范围应以理工科的专业为主。

4.优化教学团队

如前所述，涉外知识产权人才应当具备交叉学科知识。为此，教学团队成员应当具备不同的专业知识背景，优势互补。教育部、中央政法委《关于坚持德法兼修实施卓越法治人才教育培养计划 2.0 的意见》提出，"鼓励高校组建跨专业、跨学科、跨学院教学团队，整合教学资源，积极探索新型教学模式”。

为顺应复合型涉外知识产权人才培养的需要，相关高校应当区分知识产权不同的专业课程，打破学院、学科和专业界别，组建宽领域的教学团队。而教学团队成员应共同商讨、制订教案和授课计划，明确各自的教学任务，共同完成交叉学科课程的教学。

此外，为丰富学生的实务经验，使学生掌握涉外知识产权的实务技能，可以邀请知识产权实务专家，特别是涉外知识产权实务专家（如涉外知识产权律师、法官、专利代理师或企业知识产权顾问等）加入教学团队。

（三）强化实践环节，理论和实践并重

理论源于实践，实践出真知。理论离开了实践如同无本之木，无源之水。知识产权是应用性较强的专业。知识产权专业知识的学习离不开实践。新文科建设强调人才培养应当将社会实践与理论教学相结合，在实践中学习理论，利用理论解释指导实践，这就要求法学教育应强调“实践培养人才”[①]。然而，通过前述分析可知，当前部分高校对于知识产权实践教学的重视程度不够。

实践环节能够培养学生的专业实践能力和实务技能。应当不断完善知识产权专业大学生的课程体系，增加实务课程的比重，扎实推进大学生专业实习制度，鼓励大学生到实务部门学习实务技能，建立并完善专业实习考核机制。[②]具体而言，可采取如下措施：

1.合理设置课程的实践教学环节

尽管知识产权课程都设置有实践教学环节，但因多数课程理论知识内容较多，实践教学环节所占总课时的比重较小。另外，实践教学环节的内容和方式相对单一，多以案例分析为主，不利于调动学生的积极性，且效果不佳。

---

① 杨雅妮：《新文科建设背景下法学教育的变革》，《新文科教育研究》，2021 年第 2 期，第 90 页。

② 何培育：《我国高校知识产权人才培养机制的现状与完善》，《重庆与世界》（学术版），2013 年第 30 卷第 4 期，第 41 页。

为此，应尽可能增加实践教学的课时，丰富实践教学的方式，可通过模拟涉外知识产权许可或转让谈判、纠纷解决等情景进行实践教学（可邀请教学团队的实务专家进课堂，给予学生现场指导）。而对于案例分析，可采取鉴定式案例分析[①]，以促使学生深入思考，形成法律思维，熟悉法律推理。

2.强化专业实践

除课程实践外，应当丰富知识产权专业学生的课外专业实践活动，开展第二课堂。通过支持学生参加全国性的专业竞赛，组织学生参加义务法律咨询、送法下乡、知识产权文书写作比赛、观摩知识产权案件庭审和模拟法庭等活动，深化学生对知识产权专业知识的理解，培养学生的实务技能。

在上述专业实践活动中，知识产权专业教师、教师团队的实务专家或邀请的实务专业应当给予学生以全面指导，以促使学生准确地运用所学知识，更好地完成专业实践活动，积累实务经验。

3.严格实习管理和考核

不论是课程的实践教学，还是专业实践活动都不是集中的专业实践。然而，专业实习能够使学生连续在实务单位接触实务工作，得到实务专家的指导，学习实务技能。故专业实习十分必要。

高校可与实务单位共建协同育人基地，资源整合、优势互补，为学生的专业实习提供便利，共同培养复合型、应用型的涉外知识产权人才。与此同时，高校应当加强实习管理并且完善实习考评机制，既重视过程考核，又重视结果考核，避免专业实习流于形式。

---

① 所谓的鉴定式案例分析法，是指对法律上的与案件裁判相关的各个方面进行全面的权衡，最后汇总为一个司法决定的方法。参见德特勒夫·雷纳（Detlef Leenen）：《鉴定式案例分析法的基础与技术》，黄卉译，《法律适用》，2021年第6期，第136-137页。在解答案例时，对于涉及的每一个法律问题，鉴定式均要求学生严格遵循设问—定义—涵摄—结论的步骤。参见夏昊晗：《鉴定式案例研习：德国法学教育皇冠上的明珠》，《人民法治》，2018年9月，第33页。

（四）深入调研，完善培养方案

就业率是衡量人才培养质量的重要指标之一。为培养用人单位需要的涉外知识产权人才，高校应当到不同类型的用人单位调研，充分了解不同类型的用人单位对于涉外知识产权人才的需求和对于涉外知识产权人才的专业知识水平、外语水平和实务技能等的具体要求，并在此基础上完善知识产权专业培养方案。

1.明确涉外知识产权人才培养定位

《法学类教学质量国家标准（2021）》提出了法学类专业人才的培养目标，落脚点就是"坚持中国特色社会主义法治体系和熟悉国际规则的复合型、应用型、创新型法治人才及后备力量"。基于此，涉外知识产权人才应当熟悉知识产权的国际规则，并且是复合型、应用型、创新型法治人才。同时，相关高校应当结合本校的比较优势、地方对涉外知识产权人才的用人需求、服务国家战略和服务地方经济社会发展的现实需要等确定涉外知识产权人才的培养定位。

2.符合法学新文科建设要求

新文科建设是创新发展的现实需要。新文科应该包含"法学"，新文科在法学领域的展开就是"新法学"。新文科建设的根本的出发点还是要适应社会需求。[①]法学新文科建设应当立足于我国经济社会发展、国家战略的实施对于法治人才的需求。

2020年11月3日，教育部新文科建设工作组主办了新文科建设工作会议。会议发布的《新文科建设宣言》提出：促进专业优化，积极推动人工智能、大数据等现代信息技术与文科专业深入融合，积极发展文科类新兴专业，推动原有文科专业改造升级；夯实课程体系，鼓励支持高校开设跨学科跨专业新兴交叉课程、实践教学课程，培养学生的跨领域知识融通能力和实践能力；推动模式创新，聚焦应用型文科人才培养，加大涉外人才培养力度。

---

① 徐显明：《新文科建设与"新法学"教育的挑战和应对》，《新文科教育研究》，2021年第1期，第13页。

知识产权专业人才培养方案的完善理应以推动法学新文科建设为目标，符合法学新文科建设的要求。培养方案应当列入交叉学科课程（一是可与人工智能、区块链等融合，设置人工智能与知识产权等交叉课程；二是可围绕新业态设置新兴交叉课程；三是可与经济学、管理学等融合，设置知识产权价值评估，知识产权运营等课程）和实践教学课程，并加大涉外知识产权人才培养力度（设立涉外知识产权人才实验班）。

3.适应用人单位对涉外知识产权人才的用人需求

涉外知识产权人才培养的最终目标是服务我国的经济社会发展，以及知识产权强国、创新型国家建设等国家战略的实施。为此，相关高校应当全面掌握不同类型用人单位对于涉外知识产权人才的需求和要求，以完善课程体系、创新人才培养模式等，培养符合用人单位要求的高质量涉外知识产权人才。

故知识产权专业本科人才培养方案的完善要以充分的调研为前提，不仅要到不同类型的用人单位调研，而且要到涉外知识产权人才培养经验丰富的高校调研，以便更好地完善培养方案，更好地培养涉外知识产权人才。

结 语

涉外知识产权人才的培养是一个系统工程，应当多措并举、多管齐下。不同高校就涉外知识产权人才培养存在的问题有所差异，但涉外知识产权人才的培养均应立足于我国经济社会发展，以及知识产权强国建设、创新型国家建设等国家战略实施的现实需要，同时，涉外知识产权人才的培养应当充分利用好国内、国外两种资源，开放办学，就涉外知识产权人才培养开展合作，培养应用型、复合型、创新型涉外知识产权人才。

参考文献

[1] 季景书. 后金融危机时代我国涉外知识产权人才的培养[J]. 生产力研究，2012（9）：100.

[2] 冯晓青. 我国理工背景知识产权教育与人才培养模式探析[J]. 工业和信息

化教育，2018（2）：4.
[3] 国家海外知识产权纠纷应对指导中心. 2019 年美国“337 调查”研究报告[EB/OL][2020-08-21].http：//cacs.mofcom.gov.cn/article/flfwpt/zscqjbl/threezn/202008/165801.html.
[4] 中华商标协会. 中华商标协会会员企业 2021 年度国际商标监测预警报告[R]. http：//www.cta.orgcn/ywdt/202201/W020220113429518738266.pdf.
[5] 张小明. 跨国竞争呼唤涉外知识产权人才[J]. 国际人才交流，2005（10）：55.
[6] 郑辉，苗培. 知识产权人才培养的师资队伍建设研究[J]. 知识产权，2012（11）：83.
[7] 王莲峰，戴彬. 我国理工背景知识产权人才培养现状及培养模式研究[J]. 工业和信息化教育，2018（2）：12.
[8] 刘海虹. 涉外卓越法律人才培养的双语教学模式探索——以《知识产权比较案例研讨》双语课程的教学实践为例[J]. 中国法学教育研究，2014（2）：36.
[9] 杨雅妮. 新文科建设背景下法学教育的变革[J]. 新文科教育研究，2021（2）：90.
[10] 何培育. 我国高校知识产权人才培养机制的现状与完善[J]. 重庆与世界（学术版），2013（4）：41.
[11]德特勒夫·雷纳. 鉴定式案例分析法的基础与技术[J]. 黄卉，译. 法律适用，2021（6）：136-137.
[12] 夏昊晗. 鉴定式案例研习：德国法学教育皇冠上的明珠[J]. 人民法治，2018（9）：33.
[13] 徐显明. 新文科建设与“新法学”教育的挑战和应对[J]. 新文科教育研究，2021（1）：13.

论涉外知识产权人才定制化培养的困境和对策

◎ 焦海洋

【摘　要】中国特色、世界水平的知识产权强国建设，高水平对外开放的扩大和“一带一路”倡议的实施等均需要涉外知识产权人才，可是，我国部分高校培养的涉外知识产权人才与人才需求不相契合，当然不利于知识产权强国建设和高质量发展。另外，高校知识产权专业毕业生就业、专业招生和专业发展均将受到不利影响。鉴于此，高校应实施涉外知识产权人才的定制化培养，以培养符合用人需求的涉外知识产权人才。

【关键词】知识产权强国战略；新文科建设；涉外知识产权人才培养

引　言

知识产权人才是知识产权强国建设的战略支撑。《知识产权人才“十四五”规划》所提出的主要任务之一是加快知识产权国际化人才能力提升，并要求“结合我国企业向外发展的实际需求，开展面向知识产权运营和知识产权代理领域的国际化人才专项培训，加强国际谈判、海外维权等人才队伍建设”[①]。进言之，涉外知识产权人才的培养势在必行，但培养单位不能“闭门

基金项目：重庆工商大学教学改革项目“涉外应用型、复合型知识产权人才培养模式探索与创新研究”（编号：212010）。

① 《知识产权人才“十四五”规划》：https://www.cnipa. gov. cn/art/2022/1/7art-65-172685.htm，2022年1月7日。

造车”，应当紧密对接需求侧，培养国家高质量发展所需的涉外知识产权人才。

一、涉外知识产权人才定制化培养的必要性

定制化人才培养指高校在各种专业人才培养的过程中，尽可能以用人单位的个性化需求为参照依据，对教学计划、教学内容、教学方法等进行调整，以培养出用人单位需要的定制人才。[①]目前，我国涉外知识产权人才培养与用人单位对于知识产权人才的能力要求尚存脱节的现象。多数高校在知识产权人才培养中存在重理论，轻实践的问题。高校较为侧重理论知识传授的培养模式难以适应用人单位对实务型知识产权人才的需求。[②]对于涉外知识产权人才培养而言亦然。当前，我国正面临涉外知识产权专业人才严重短缺的现实，现有的人才储备还远远不能满足深度参与知识产权全球治理的实际需要。[③]故涉外知识产权人才的定制化培养非常迫切。

（一）定制化培养是我国参与知识产权全球治理的内在要求

知识产权全球治理实质上是规则治理。知识产权国际保护规则的制定或完善是知识产权全球治理的核心要义。知识产权国际保护规则的制定和完善需要精通外语、知识产权国际保护规则、国际公法和谈判等相关知识的涉外知识产权人才。诚然，只有更多地参与知识产权国际保护规则的制定或完善，才能更充分地体现和保障我国的国家利益。质言之，我国深度参与知识产权全球治理应全面参与规则的制定或完善，而规则的制定或完善当然需要复合型、应用型的涉外知识产权人才。

---

① 叶丹：《浅谈高校核心竞争力——基于高校定制化人才培养模式》，《中国人才》，2010 年第 11 期，第 66–67 页。

② 刘强：《复合型知识产权人才培养模式的若干思考》，《安阳师范学院学报》，2019 年第 6 期，第 115–120 页。

③ 季连帅：《中国深度参与知识产权全球治理的现实困境与实践进路》，《江汉论坛》，2021 年第 12 期，第 110–114 页。

（二）定制化培养是知识产权强国建设的必要举措

《知识产权人才“十四五”规划》强调：“知识产权人才是发展知识产权事业的第一资源，是知识产权高质量发展的先决条件，是知识产权强国建设的战略支撑。”[①]法律制度则是知识产权强国建设的重要保障。诚然，新领域、新业态知识产权制度的构建或现行知识产权制度的完善均需要全面分析域外知识产权相关的法律规则。同时，“一带一路”倡议的实施需要与沿线国家就知识产权的保护开展合作。《知识产权强国建设纲要（2021—2035 年）》专门提出，“加强知识产权对外工作力量”[②]。由此可知，涉外知识产权人才的定制化培养十分必要。

（三）定制化培养是知识产权强保护的题中之义

习近平总书记在主持中央政治局第二十五次集体学习时指出：“创新是引领发展的第一动力，保护知识产权就是保护创新。”毋庸置疑，知识产权的强保护能为创新提供激励和保障。众所周知，知识产权保护既涉及国内保护，又涉及国际保护。同时，我国企业走出去过程中面临着知识产权法律风险。除此之外，美国多次滥用 337 条款打压中国企业。进言之，定制化培养涉外知识产权人才对于实现知识产权强保护至为重要。质言之，在地方本科院校开展校企合作“定制化”人才培养，可缩短高校人才培养和社会人才需求之间的差距，做到人才“无缝连接”。[③]

（四）定制化培养是人才强国建设的重要支撑

习近平总书记在中国共产党第二十次全国代表大会上的报告提出，“教育、科技、人才是全面建设社会主义现代化国家的基础性、战略性支撑。我

---

① 国家知识产权局：《知识产权人才“十四五”规划》，https://www.cnipa.gov.cn/art/2022/1/7/art_65_172685.html，2022 年 1 月 7 日。

② 中共中央、国务院：《知识产权强国建设纲要（2021—2035 年）》，http://www.gov.cn/zhengce/2021-09/22/content_5638714.htm，2021 年 9 月 22 日。

③ 满海雁、陈明：《地方高校“定制化”人才培养模式研究》，《中国高校科技与产业化》，2011 年第 5 期，第 77-78 页。

们要坚持教育优先发展、科技自立自强、人才引领驱动，加快建设教育强国、科技强国、人才强国”①。人才强国建设的重要性不言而喻。毫无疑问，培养单位培养的人才必须能够满足全面建设社会主义现代化国家的需要。定制化培养则能够精准对接需求侧，全面优化供给端，培养国家高质量发展所需的各类人才，当然包括涉外知识产权人才。

（五）定制化培养是优化就业的可行路径

目前，因人才供给端和需求侧之间的信息不对称，人才培养未全面考虑用人需求等，高校培养的部分涉外知识产权人才尚不完全符合用人单位的用人要求，在一定程度上影响了毕业生的就业。而毕业生的就业将直接影响专业招生。为此，只有畅通供给端和需求侧，立足于用人单位对涉外知识产权人才知识和能力等的要求培养涉外知识产权人才，才能不断优化涉外知识产权人才就业，并能为用人单位的高质量发展提供有力的人才支撑。

二、涉外知识产权人才定制化培养的困境

尽管不同培养单位在涉外知识产权人才定制化培养中存在的问题不一，但主要存在如下问题：定制化培养的平台单一、定制化培养的师资结构不合理、定制化培养的人才培养方案不科学、定制化培养的课程体系不完备，以及定制化培养的实践教学环节不全面。

（一）人才定制化培养的平台不丰富

当前，高校通常与企业开展人才定制化培养合作，可是，涉外知识产权人才的用人单位类型多样，除了企业之外，还包括立法机关、司法机关、行政机关和事业单位等。众所周知，不同的职业、不同的工作岗位等对于涉外知识产权人才的要求均存在差异。即使是同一种职业、相同的工作岗位，不

① 《习近平总书记在中国共产党第二十次全国代表大会上的报告》，http://www.gov.cn/xinwen/2022-10/25/content_5721685.htm，2022 年 10 月 25 日。

同的用人单位对于涉外知识产权人才专业素质和能力的要求亦会存在差别。一言以蔽之，现有的涉外知识产权定制化培养不能满足不同用人单位的用人需求。

（二）人才定制化培养的师资结构不合理

尽管部分高校与企业、法院等开展了涉外知识产权人才定制化培养的合作，但师资的主要来源依然是高校。此外，虽然部分高校聘请了校外单位的实务专家，但是，校外实务专家多作为专业实践指导老师，参与专业课程教学（含专业基础课、专业核心课和专业拓展课）的比例偏低。同时，高校引进的部分师资可能存在实务经验不足、实务技能不全、外语水平不高等问题，不利于复合型、应用型涉外知识产权人才的培养。

（三）人才定制化培养的培养方案不科学

在实践中，部分高校知识产权专业人才培养方案的制定事先未进行专门调研或未咨询专家以及用人单位的相关人员，由此致使培养方案中的人才培养目标、学分构成、课程类型的设置等不尽合理，并不符合或不完全符合用人单位对于毕业生知识结构和专业能力等的要求。不仅如此，伴随着我国对外开放水平的提高，人工智能、大数据产业等的发展，以及互联网+等新业态的出现，涉外知识产权人才的用人需求发生了改变，培养方案自然需要进行适应性调整。

（四）人才定制化培养的课程体系不完备

毋庸置疑，知识产权专业人才培养方案应当严格遵循教育部《法学类教学质量国家标准（2021）》。依据《法学类教学质量国家标准（2021）》，法学类专业培养方案总学分一般不超过 160 学分，其中实践教学累计学分不少于总学分的 15%，知识产权专业核心课程共 15 门，不包括国际公法、国际知识产权法、知识产权英语等课程。[①]目前，部分高校培养方案中的专业课程尚不完备，未开设国际知识产权法、交叉学科课程、全英文课程。此外，部分高校的知识产权本科人才培养方案中，实践教学学分占比不高（实践教学学分仅符合最低标准，且只有专业实践）。

（五）人才定制化培养的实践教学环节不全面

相比于法学本科人才培养的实践教学，部分高校知识产权本科人才培养的实践教学别无二致。可是，除专业实践之外（如模拟庭审、义务咨询等），涉外知识产权人才需要进行外交谈判和商务沟通等方面的训练。毋庸置疑，涉外知识产权人才与法学专业人才在应当具备的实务技能和实践能力方面存在一定的差异。为此，实践教学内容和环节理应围绕涉外知识产权人才应具备的专业能力进行设计。

三、涉外知识产权人才定制化培养的路径

不同的培养单位应基于各自在涉外知识产权人才定制化培养中存在的问题，采取相应措施，完善涉外知识产权人才的定制化培养机制，且应建立科学的评价体系，以持续提高涉外知识产权人才的培养质量，培养德智体美劳全面发展的社会主义建设者和接班人。

（一）拓展合作，搭建育人平台

涉外知识产权人才的用人单位涵盖了多种类型。作为高校应与不同类型的用人单位开展合作，建立多样化的协同育人平台和高水平的实习实践基地，开展涉外知识产权人才培养合作，以为学生专业实习、社会实践、科学研究和专业竞赛等提供支持和指导，着力培养用人单位急需的涉外知识产权人才。与此同时，高校应注重充分利用本校资源，实现不同院系之间的深度合作。

---

① 教育部：《法学类教学质量国家标准（2021）》，http://so.moe.gov.cn/s?siteCode=bm05000001&tab=all&qt=《法学类教学质量国家标准》（2021），2021 年 6 月 2 日。

就涉外知识产权人才培养而言，外语学院、管理学院和法学院应当实现资源整合，优势互补。另，在条件具备的前提下，高校可开设涉外知识产权人才实验班。

（二）外引内培，优化师资结构

专业是人才培养的基本单元。专业课教师是学生专业知识学习和专业知识体系形成的关键。故，高校应着力优化师资结构，提高师资专业能力。为培养符合用人单位需求的涉外知识产权人才，高校或学院应当聘请用人单位的业务专家作为兼职教师和事业导师，为专业课程的教学设计、教学方法创新或实践教学等提供建议，为学生的生涯规划和专业竞赛等提供指导。另外，高校应通过激励并支持教师出国访学、开展合作研究、参加培训等方式建设高水平的师资队伍，不断提高师资的专业能力和外语水平。

（三）开展调研，完善培养方案

高校肩负着为党育人、为国育才的光荣使命。习近平总书记在中国共产党第二十次全国代表大会上的报告提出，“全面贯彻党的教育方针，落实立德树人根本任务，培养德智体美劳全面发展的社会主义建设者和接班人”[①]。可见，作为高校，人才培养的最终目标是为国家输送德智体美劳全面发展的优秀人才。而培养方案是实施人才培养的依据。为此，高校在制定或完善培养方案之初，就应深入用人单位开展调研，并邀请实务专家或用人单位相关工作人员等对培养方案的制定或完善提供意见或建议，科学设置学分要求、准确定位人才培养目标、合理设置课程体系、全面丰富实践方式，以确保作为实施人才培养依据的培养方案本身符合经济社会发展对于涉外知识产权人才的用人要求。

①《习近平总书记在中国共产党第二十次全国代表大会上的报告》，http://www.gov.cn/xinwen/2022-10/25/content_5721685.htm，2022 年 10 月 25 日。

（四）咨询论证，完备课程体系

在符合《法学类教学质量国家标准（2021）》的前提下，高校应当基于用人单位对涉外知识产权人才专业知识和实务技能等的要求，组织涉外知识产权实务专家、涉外知识产权人才培养示范单位的代表、涉外知识产权人才用人单位的相关人员等就专业课程开设、实践教学内容的设置等进行讨论和论证，以期形成科学、合理并适应涉外知识产权人才用人需求的课程体系。例如，开设国际知识产权法、涉外知识产权实务、国际公法、知识产权英语等课程，增加全英文课程和交叉学科课程，并强化谈判和沟通能力培养方面的实践。

（五）协同合作，开展专门培训

政府部门、行业协会或学会等应充分发挥主导作用，牵头组织涉外知识产权人才培养具有比较优势的高校、实务部门等开展系列公益培训或人才培育等活动（主要针对涉外知识产权人才专业能力存在的短板或涉外知识产权人才应具备的新的专业能力或实务技能），以持续加强现有涉外知识产权人才的专业能力，并不断推动涉外知识产权人才培养质量的提升。如，2022 年 8 月 23 日，中国政法大学主办，中国（四川）知识产权保护中心、国家海外知识产权纠纷应对指导中心四川分中心、四川省知识产权保护协会承办了“中国政法大学涉外知识产权高端人才公益培训班-成都天府法务区站”[①]。国家海外知识产权纠纷应对指导中心广东分中心、广东省海外知识产权保护促进会主办，广州知人善用信息技术有限公司协办圆满完成了 2022 年广东省涉外知识产权保护人才培育项目。[②]

① 环球网产经：《构建高质量发展新格局 四川开展涉外知识产权人才培训》，https://baijiahao.baidu.com/s?id=1742211302161859217&wfr=spider&for=pc，2022 年 8 月 26 日。

② IPRdaily：《2022 年广东省涉外知识产权保护人才培育项目广州站圆满举办》，https://www.shangyexinzhi.com/article/5073574.html，2022 年 8 月 26 日。

（六）创新模式，优化实践教学

理论和实践密不可分。为此，在涉外知识产权人才定制化培养过程中，高校应当避免重理论轻实践，同时，也应当避免重实践轻理论，理论和实践需要兼顾。诚然，理论教学和实践教学的目标不同。实践教学应主要以培养涉外知识产权人才的实务技能和创新能力为目标，且应基于实践教学的主要目标，有针对性地设置实践教学内容和实践教学环节。另外，为保证实践教学效果，高校应当建立高水平的实践教学团队，可由双师型知识产权师资、合作单位的实务专家等人员构成。

（七）注重评价，建立评价体系

为持续评估涉外知识产权人才培养质量，及时完善涉外知识产权人才定制化培养机制，更好满足用人单位涉外知识产权人才的用人需求，培养德智体美劳全面发展的社会主义建设者和接班人，高校应当建立涉外知识产权人才的评价体系，定期开展评价，以评促改、以评促建。评价体系应当包括评价标准、评价机构、评价程序和评价结果等。其中，评价标准是关键。在评价标准的制定过程中，高校应主要结合用人单位就评价指标、评价程序等的意见和建议，科学设置评价标准和评价程序。同时，培养单位应充分发挥评价结果的作用，不能只重过程，忽视结果。在完成评价后，作为人才培养单位，应全面分析评价结果，对标对表找差距，采取相应措施完善涉外知识产权人才培养机制。

结 语

诚然，定制化培养能紧密对接需求侧，培养符合国家高质量发展所需的各类人才。涉外知识产权人才的定制化培养对于我国参与知识产权全球治理、知识产权强国建设和人才强国建设等不可或缺。可是，当前，涉外知识产权人才的定制化培养主要存在如下问题：培养方案不科学、师资结构不合理、课程体系不完备等。毫无疑问，不同的培养单位在涉外知识产权人才定制化培养中面临的问题存在差异。对此，培养单位应当精准定位涉外知识产权人才定制化培养存在的问题，并采取措施补齐制度短板。与此同时，培养单位应当注重涉外知识产权人才培养质量的评价，建立科学的评价体系，形成动态的监测机制，以检验涉外知识产权人才的培养质量与定制化培养机制的运行效果，适时调整，持续提高涉外知识产权人才的培养质量，为知识产权强国建设、人才强国建设和国家的高质量发展作出应有的贡献。

参考文献

[1] 叶丹. 浅谈高校核心竞争力——基于高校定制化人才培养模式[J]. 中国人才，2010（11）：66-67.

[2] 刘强. 复合型知识产权人才培养模式的若干思考[J]. 安阳师范学院学报，2019（6）：115-120.

[3] 季连帅. 中国深度参与知识产权全球治理的现实困境与实践进路[J]. 江汉论坛，2021（12）：110-114.

[4] 满海雁，陈明. 地方高校“定制化”人才培养模式研究[J]. 中国高校科技与产业化,2011（5）：77-78.

社会主义核心价值观融入“经济法概论”课程教学的误读与矫正

◎ 李喜燕

【摘　要】社会主义核心价值观融入高校专业课教学已经成为我国全面推进课程思政建设的明确要求和必然趋势，“经济法概论”课程也不例外。但是，有学者及教师对于“经济法概论”课程思政的认识存在完全无视课程思政教育、将课程思政教育取代专业教学、课程思政教育与专业教学两张皮的误读。事实上，社会主义核心价值观与课程教学目标部分重合，两者能够相互融合、相互促进。社会主义核心价值观融入课程教学应该遵循全过程融入、全方位融入和分层次融入的路径，以实现课程教学和课程思政教育双重目标。

【关键词】社会主义核心价值观；经济法概论；课程思政

2020 年 5 月，教育部等八部门明确提出了全面推进高校课程思政建设的要求。[①]法律类课程尤其是非法学专业的“经济法概论”课程往往是多数高校非法学专业中开设的专业课程之一，选择将社会主义核心价值观（以下简称

作者简介：李喜燕（1974—），河北张家口人，法学博士，重庆工商大学法学与社会学学院教授，硕士生导师，主要从事：法学类人才培养，法学类课程教学的研究。

基金项目：重庆市 2020 年高等教育课程思政重点项目“社会主义核心价值观在‘经济法概论’课程教学中的融入与实践”（项目编号：201026S）的阶段性成果，主持人：李喜燕。重庆工商大学 2021 年课程思政示范课程项目的阶段性成果。重庆市高等学校 2022 年课程思政示范课程建设项目的阶段性成果。

① 2020 年 5 月，教育部等八部门联合印发文件《关于加快构建高校思想政治工作体系的意见》，教育部印发《高等学校课程思政建设指导纲要》，要求把思想政治教育贯穿人才培养体系，全面推进高校课程思政建设，发挥好每门课程的育人作用，提高高校人才培养质量。

为核心价值观）融入课程教学体系，进行课程思政改革，受众众多，涉及面广，对于发挥课程思政的价值引领作用具有重要意义。然而，实践中往往听到一些消极甚至负面的信息，对核心价值观融入课程进行课程思政教学存在不少误读，厘清二者之间的关系，有效开展课程思政教学，是全面推进课程思政建设的必然需要。

一、核心价值观融入“经济法概论”课程教学的误读

尽管全国各学校都开始推进课程思政教学改革，有的教师已经开始身体力行地践行核心价值观融入课程思政教学，但也有不少教师对于核心价值观教育存在误读。主要体现为以下几个方面：

（一）只有专业教育而无视核心价值观教育

持消极课程思政论的教师认为，“经济法概论”课程就是给非法学本科专业学生进行法律知识技能教学的课程，属于专业课教育，其课程主要目的在于培养学生掌握其必备的法律知识和法律技能，不应该承担思想政治教育的功能，自然不应该进行核心价值观教育。开展课程思政教育就是越俎代庖，承担了本应该由思想政治理论课教学队伍和辅导员队伍承担的工作，而违背了课程教学目的，抛弃或者背离了课程本应该具有的课程价值。持这种观点的教师将课程思政教学与思想政治教育完全割裂，没有认识到两者之间共同点，也没有认识到专业课程也具备思想育人的功能。

（二）以核心价值观教育取代专业教育

也有人认为课程思政教育就是指专业课教学中只有思想政治教育而没有专业知识技能教育，或者认为课程思政教学主要是思想政治教育而丢弃了专业教育。这种观点认为，在“经济法概论”课程教学中，思政教育完全取代了专业教育，或者将思想政治教育放在比专业教育更加重要的位置，课程思政就是用思想政治教育代替专业课程教育或者把课程教学中的多数时间用于思想政治教育，而将专业教育放在了无关痛痒的位置。持这种观点的人实际上过分强调了课程教学中的思想政治教育功能，过分强调核心价值观教育，

而舍弃或者忽视了课程的专业教学功能。

（三）核心价值观教育与专业教育互相割裂

持该观点的教师能够理解“经济法概论”课程教学中既要有思想政治教育，又要有专业教育，两者都重要。但是，他们往往把专业课程教学时间分为两个不同的阶段或者彼此割裂的两部分，认为课程思政就是在专业课程教学部分时段只进行专业课程教育，部分时段只进行思想政治教育，即在规定的专业课程教学时段，将其中的部分专业课程教学的时间切割出来，用于开展思想政治教育。根据这种观点，课程思政教育就是把原本应该属于专业课程教学时间让渡一部分时间专门用于思想政治教育，其结果就是将部分专业课教学时间全部用于思想政治教育，片面地增加了思想政治教育的时间，减少了专业内容教学时间，不懂得如何处理专业课程教育和思想政治教育的相互关系，导致整个专业课程教学分化为专业教育和思政教育两个彼此割裂的阶段，既不利于学生系统掌握专业知识技能，也无法在真正意义上实现思政育人的功能。

二、核心价值观融入“经济法概论”课程教学的正解

事实上，核心价值观与“经济法概论”课程教学目标在思想政治教育方面具有耦合性，在教学中能够相互融合，相互促进。

（一）核心价值观与“经济法概论”课程教学目标部分重合

首先，核心价值观本身属于思想政治教育的组成部分。党的十八大报告对核心价值观进行了总体描述①，其中富强、民主、文明、和谐是国家层面的一种建设目标的描述，自由、平等、公正、法治是社会层面理想状态的描述，爱国、敬业、诚信、友善则是个人层面对于核心价值观的要求和倡导。核心

① 党的十八大报告强调指出：“倡导富强、民主、文明、和谐，倡导自由、平等、公正、法治，倡导爱国、敬业、诚信、友善，积极培育和践行核心价值观。”这是对社会主义核心价值观的基本理念和具体内容的总体描述。

价值观是对我国全体成员的要求和倡导。对于大学生来说，核心价值观属于大学生思想政治教育的重要组成部分，对于丰富大学生思想政治教育内容具有重要作用。其次，“经济法概论”不同章节的课程教学目标不同程度地体现了核心价值观的各个元素。“经济法概论”课程中几乎所有的章节内容都能体现民主、文明、和谐、法治的理念，这属于所有章节共有的核心价值观元素，还有一些章节不同程度地体现了自由、平等、公平、诚信、友善、敬业的精神，部分章节内容也间接地体现了富强、爱国的元素。“经济法概论”教学目标包括了思想情感目标、知识目标和能力目标，这些方面与核心价值观的要求保持了不同程度的一致性。换言之，“经济法概论”的思想情感目标本来就是属于课程思政教育的组成部分。

事实上，核心价值观既是大学生思想政治教育的重要内容，又是大学生课程教学目标的组成部分，在该课程的不同内容中有着不同程度的体现，在教育目标方面存在着一定程度的重合。在课程教学中，教师在完成课程的思想情感目标教育的同时，也是在践行着核心价值观的教育，课程思政教育与核心价值观教育存在部分重合的情况。教师实现课程思政教育目标的过程，也是培养学生形成和践行核心价值观的过程。这不仅仅是法律课程本身教育目标的需要，也是对学生思想政治教育的需要，从而一方面实现了课程教学目标，另一方面也完成对学生进行思想政治教育的任务。此外，不论是法律课程思政教学，还是核心价值观教育方面，都属于意识形态领域，它们都以马克思主义和中国特色社会主义理论作为指导。从这个意义上来看，二者也存在耦合之处。

（二）核心价值观与“经济法概论”课程教学相互融合

首先，核心价值观的培育需要通过“经济法概论”等专业课程教学予以实现。不论是思想政治教育，还是核心价值观的培育，均不能仅仅通过从理论到理论的灌输式教育实现培育目标，而是需要借助特定的媒介和素材来实现。核心价值观教育不仅需要思想政治理论课实现，也需要专业课程予以补充，不仅需要理论指导，也需要实践推动。核心价值观的内化是高校思政教育改革的关键。[①]毫无疑问，思想政治理论课是思想政治教育的主阵地，但专业课程是课程思政建设的重要载体，课堂是育人的“主战场”。思政教育需要专业课提供的丰富的素材和案例，才能实现核心价值观的内化。

其次，“经济法概论”课程教学融入了核心价值观教育元素。在“经济法概论”课程教学中，不仅需要培养学生掌握法律知识和法律技能，还需要对学生进行相应的思想情感教育，每次课程的教学目标一般包括“培养学生掌握……知识，具备……技能，树立……情感”等知识、技能、能力和情感教育。而情感教育本身就体现并融入了核心价值观的元素。比如，在讲授合同章内容的时候，需要培养学生具备合同订立、效力、履行、终止和违约责任的知识，能够具有基本的判断能力，还需要培养学生在合同订立和履行中具备诚信和友善的品质，并通过订立合同来充分体现平等和公平的意义。不论诚信、友善，还是平等、公平，都属于核心价值观的组成部分。在每次专业课程教学中，其所蕴含的情感教育目标，都不同程度地体现或包括了核心价值观元素。换言之，“经济法概论”课程教学本来就包含和融入了核心价值观教育。

（三）核心价值观与“经济法概论”课程教学相互促进

首先，核心价值观有利于实现“经济法概论”课程教学目标。核心价值观教育能够使学生明确思想政治教育的总体构成及其不同层次要求，而“经济法概论”课程尽管也有情感教育和思想政治教育的内容，但是并未将这些思想教育升华建构为一定的理论体系，而核心价值观如同一个价值框，能够将课程中的思想政治教育全部容纳，从而使得课程中的情感价值目标升华为一个完整的理论体系。这种价值观教育能够强化法律课程教学效果，提升专业课教学效果。

① 李寒梅：《社会主义核心价值观教育内化：高校思政课教学的关键》，《思想理论教育导论》，2021 年第 2 期，第 137-140 页。

其次，“经济法概论”课程教学丰富了核心价值观教育成果。因其课程性质特点，“经济法概论”有充实的专业内容和丰富的教学案例，能够为学生进一步理解核心价值观提供丰富的素材，从而使得核心价值观的教育不仅仅是空洞的说教，而是有着活生生的案例和直观的思想认知，一定程度上丰富了核心价值观的教育成果。“经济法概论”在经济法主体、合同、不正当竞争、消费者权益保护、产品质量等方面具有丰富的核心价值观教育的教学案例和教学内容，是高校培养学生树立核心价值观的重要途径。

三、核心价值观融入“经济法概论”课程教学的路径

在认识到核心价值观与课程存在部分重合、相互融合和相互促进之后，必须要明确将核心价值观融入“经济法概论”课程教学的具体路径。核心价值观融入课程教学，绝对不仅仅是简单地分别进行或者叠加进行，不是顾此失彼，或者过犹不及，而是需要全过程、全方位、分层次成体系化地融入。

（一）全过程融入

核心价值观融入“经济法概论”课程需要体现为全过程融入，不仅体现在课堂上，还需要体现在课前和课后。在学期初，应该向学生明确本门课程的教学目标，包括知识目标、能力目标和思政教育目标，而思政教育目标主要体现为核心价值观方面的要求。在每节课前，都应该事先明确课程教学目标和核心价值观目标，在课堂教学中需要将课程教学内容有效融入核心价值观。比如，讲到合同法的基本原则时，其中包括的自由、平等、公平、诚信等原则就是核心价值观的构成部分。在课后布置作业时，引导学生使用一般的核心价值观原理理解和解决法律实际问题，再对照法律规定，最终体现为二者的高度一致，同时体现了专业教育和核心价值观教育目标。

（二）全方位融入

课程教学改革中，教学内容的取舍、教学方法的使用和教学考核的选择对于核心价值观融入都有重要意义。核心价值观融入“经济法概论”课程不仅仅停留于教学目标的设定，而且需要在教学内容、教学方法、教学考核上全方位设计，才能实现充分融入。将能够体现课程教学重点和难点的教学内容提取出来，分析其中具有的核心价值观元素，并通过案例教学、素材分析、网络课程等方式，既能达到课程教学的知识目标和能力目标，又能通过充分挖掘课程中的核心价值观元素，进行分析和解读，在达成专业教学目标的同时实现其课程思政目标。当然，如何结合课程特点恰如其分地挖掘学生感兴趣的教学素材，通过案例分析、素材分析、网络学习等方式达成专业知识技能目标和核心价值观元素的有机结合本身就是课程的难点所在。在课程的平时考核和期末考核中，还应该设计相应的核心价值观考核内容，在平时的考核中，以分组分章进行的方式，将课堂上无法充分展现的内容通过网络课程作业的方式予以呈现，使学生在平时考核和期末考核中，不仅要检验和掌握专业知识技能，还要复习和提炼核心价值观元素，从而实现课程的立德树人目标。

（三）分层次融入

首先，从课程而言，核心价值观融入“经济法概论”课程不仅仅是单节课程或者单章课程的融入，而是在宏观层次、中观层次、微观层次多层次的融入。就整门课程相对于核心价值观而言，属于宏观层面的融入，这就需要从整门课程进行设计；就每一章的内容而言属于中观层面的融入，需要设定每一章中所涉及的核心价值观的元素；而就每一节课而言，也有相应的核心价值观元素需要挖掘。其次，从核心价值观来说，其不同元素融入“经济法概论”课程的不同部分的程度不同，有些核心价值观元素在整门课程教学中都有所体现，比如法治理念，这本身就是“经济法概论”贯穿始终的教学理念，有些核心价值观元素则主要体现在部分章节中，比如敬业这个元素，主要体现在公司法部分的有关董事、监事、经理等部分内容，上升到课程思政教学中就是要让学生理解，不论身处什么职业和岗位，均应该具有敬业精神，从而培养学生的敬业精神。再次，有些核心价值观比如自由、公平、诚信等思想，在“经济法概论”课程中能直接体现，而有些元素则在“经济法概论”课程教学中间接体现，比如富强、爱国，这两个核心价值观元素在该课程体现得相对间接，这就需要在课程教学中对核心价值观中的相关内容进行关联性分析，并精心设计，让学生能够通过课程教学，进一步确立并践行核心价值观。

结 论

全面开展课程思政教育已经成为我国教育的纲领性要求，将课程思政元素有效融入“经济法概论”课程教学是每位开展课程思政教育教师的职责所在。专业课教师唯有认真研究和深入挖掘每门专业课程具备的课程思政元素，全过程、全方位、分层次地将社会主义核心价值观融入课程思政教学，从不同课程角度尝试探索和精心设计课程思政教育模式，方能做到“润物无声”，在实现课程教学目标的同时，培养学生树立和践行正确的价值观。

参考文献

[1] 何真.“课程思政”融入行政法教学的机制探索[J]. 毛泽东思想研究，2020（4）：125-131.

[2] 张静. 课程思政元素与法律方法教学的有机融合[J]. 中学政治教学参考，2020（9）：44-47.

[3] 李成斌. 论社会主义核心价值观对民事司法的影响[J]. 法律适用，2018（19）：42-48.

[4] 王怡. 社会主义核心价值观如何入法——一个立法学的分析框架[J]. 法学，2019（9）：57-66.

[5] 王勤芳，许翠霞. 以社会主义核心价值观阐释民法典基本原则——对民法

学教育“课程思政” 的思考[J]. 集美大学学报，2021（2）：64-69.
[6] 刘志刚. 宪法与社会主义核心价值观融合发展的法理逻辑[J]. 求索，2021（2）：123-131.
[7] 张剑平. 社会主义核心价值观融入行政法治的软法范式[J]. 求索，2021（2）：132-140.
[8] 陈德启，陈德怀. 法学教学视野下的课程思政育人观探析[J]. 教育教学论坛，2020（46）：92-98.

高校税法课程思政的总体构想与实施路径

◎ 白玉　杨娟

【摘　要】课程思政是新时代高校思想政治工作的重大创新举措。在此背景下，高校税法的课程思政改革有其客观必然性。税法课程思政的教学目标一为税法知识传授和税法技能培养，二为思想政治教育。税法课程思政的内容为爱国主义、公民素养、职业伦理、税法文化、终身学习观等几个方面。税法课程思政的实施路径为：将课程思政理念渗透于税法教学全环节中；在税法教学内容中融入课程思政元素；税法教学融合课程思政；提升教师教学能力促进课程思政。未来要还需要充实税法课程思政的目标内涵，构建协同育人的税法课程思政教学体制，进一步提升税法的课程思政实效。

【关键词】税法；课程思政；总体构想；实施路径

作为高校德育教育的重要组成部分，思想政治工作在新时代面临着重大的挑战。在各种价值观交织、冲击、不同的行为模式互相影响、渗透的当今，如何培养坚定的马克思主义者，以“立德树人”为中心，塑造青年人的人生

作者简介：白玉，女，（1976—），重庆工商大学法学与社会学学院教师，讲师，法学博士，主要从事法学类专业课程教学研究。

杨娟，女，（1987—），重庆工商大学经济学院教师，讲师，法学博士，主要从事法学类专业课程教学研究。

基金项目：“业财法税融合”下MBA财税管理人才“职业导向−课业融合−多元协同”的培养模式研究，重庆工商大学2023年校级研究生教育教学改革研究项目，2023YJG0205。

观、价值观，提升他们的修养、品性，成就他们的理想人格，是高校思想政治教育的新课题。课程思政就是应对这一问题的创新探索和实践。课程思政，即将思想政治教育元素，包括思想政治教育的理论知识、价值理念以及精神追求等融入各门课程中去，潜移默化地对学生的思想意识、行为举止产生影响。[①]它意味着传统的“思政课程”向“课程思政”的转变，意味着思想政治教育阵地的扩大、教育者的增加和教育方式的转变。课程思政的“课程”包括一切大学里有计划、有组织进行的教学活动；“思政”则是有针对性地将某些价值观念内化为学生的信念并由这样的信念指导、规范行为模式的过程，“其核心不在于知识传授与技能教育，而是精神素质的提升”[②]。高校税法课程，在课程思政的视野下，它既有教授税法基础知识和培养税收实务技能的任务，同时也承担着思想政治素质塑造的任务。从现阶段来看，高校税法课程要更好地实现课程思政，融合“立德树人”的功能，就要从教学目标、教学内容、教学方式等各方面加以改革落地，并需前瞻性地提出未来的改革规划。

一、税法课程思政的教学目标

课程思政是将思想政治教育的理论知识、价值追求、精神理念融入各种各类课程的教学过程中，潜移默化地影响和塑造大学生的思想政治观点、道德修养、行为模式等，其本质是立德树人的思想政治教育。税法的课程思政目标的确定，基于专业课程教学与思想政治教育两个层面：

（一）税法知识教学目标

从专业知识教学的层面来讲，税法的课程教学目标可分解为如下几点：一是让学生了解税收的基本理论知识与我国主要的税收法律制度。二是让学生掌握税法的要素，熟悉我国税制结构，掌握几大主要税种的计税依据、税率、计算方法、征收管理规定。三是在税法理论知识掌握的基础上，指导学

---

① 王学俭、石岩：《新时代课程思政的内涵、特点、难点及应对策略》，《新疆社会科学学报（哲学社会科学版）》，2020 年第 3 期，第 50-58 页。

② 伍醒、顾建民：《“课程思政”理念的历史逻辑、制度诉求与行动》，《大学教育科学》，2019 年第 3 期，第 54-60 页。

生进行实务操作，训练学生综合运用知识的能力，为今后的涉税会计、税收筹划、涉税法律服务实务的学习和实践打下基础。四是要引导学生拓宽知识面，提升学习的难度，为今后通过法考、注册会计师、税务师等涉税资格证书考试奠定坚实的基础。

（二）思政教学目标

结合课程思政的本质和税法课程的教学内容的特点，本门课程的课程思政的教学目标被定位为培养具有坚定的中国特色社会主义税收法治思想、了解中国特色的税法的基本理论知识与掌握良好的税收技能的具有高度职业道德和职业素养的爱岗敬业、无私奉献的税法专业人才。具体来讲可以分解成如下目标：一是在中国税法、国际税法的基础知识、基本理论的教学过程中，进行社会主义税收法治观的塑造；二是在税务管理、税收申报相关知识的讲授中，引导学生建立良好的税收遵从理念，树立依法纳税的良好意识；三是在税收专业技能培训的过程中，进行税收专业从业人员的职业道德培养。

税法课程以培养具有国际视野、具有服务区域经济发展意愿的具有扎实的基础知识和良好的税收实践技能的税法人才为目标。明确税法课程思政建设的目标，首先有助于培养遵守税法、诚信纳税的社会主义公民，更为重要的是能培养依法从事税收征管、税务代理服务的税收人才。如果这门课程没有较好地实现这样的课程思政目标，学生今后轻则自己不依法纳税，重则可能进行一些税收方面的违法犯罪活动，遭受法律的制裁，破坏我国的税收征管秩序，损害我国的税收利益。所以，结合税法课程专业知识的讲授，将社会主义税收法治观的基本内涵和内容纳入课程教学中，引导学生积极传播和践行依法纳税、诚信纳税的良好行为习惯和道德风尚，是税法课程思政的重要内容。

二、税法课程思政的教学内容

课程思政的本质是立德树人，其特点是寓德于课。税法的课程思政教育在专业知识教学和思政教育的双层目标之下，具有以下几个方面的课程思政教学内容：

（一）爱国主义教育

在税法教学中，通过对税法基本原理的介绍，让学生了解到国家征税的正当性、合法性和公民依法纳税的重要性，让学生深刻认识到国家在维护市场经济秩序，进行经济宏观调控，发挥政治、经济、文化、国防、外交方面的职能，激发学生对身处社会主义中国的自豪感和爱国热情。

（二）公民素养教育

除了爱国主义教育之外，税法学习的过程还是良好公民素养的养成过程。其中，培养学生依法纳税，严格实施纳税遵从的行为习惯和价值追求是税法学习中公民素养教育的基本方面。教学过程中无论是税收的特征和本质，税法的意义和功能，还是各税种应纳税额的计算方法、税收征管方式的学习，都要给学生灌输依法纳税的理念和行为准则。除此之外，在税法教学中对税收这一经济现象的解读，偷逃税、避税等知识的学习也是培养学生诚信待人、爱岗敬业等良好的公民品质和素养的重要环节。

（三）职业伦理教育

在税法知识学习的过程，教师要让学生了解到各种涉税职业所需的专业知识和技能、工作特点和职业要求，理解优秀的税务公务人员、税务中介机构工作人员和企事业单位涉税工作人员的专业工作能为本单位创造的价值和能为国家税收征管作出的贡献。在此基础上，要培养学生的专业热情，培养他们对未来职业的热爱，塑造他们的敬业精神。

税务职业伦理是税务人员在职业活动中应该遵循的道德原则和道德规范，主要是指在税收征收管理活动中，国家税务人员、企事业单位纳税岗工作人员和税务中介工作人员在各自的涉税工作中需要认真负责，做好自己的本职工作：税务机关工作人员要忠于国家利益，公平对待纳税人，严格执法，自觉维护国家的税收利益；企事业税务岗的工作人员需要严格按照税法的要求，做好各税种的纳税申报、税收筹划、税款缴纳和补退税工作；税务中介工作人员要坚持自己的职业操守，诚信对待纳税人，守法尽职地利用自己的专业技能完成纳税人委托的涉税业务，要维护纳税人的利益，不得欺骗，也不得损害国家的税收利益。

（四）税法文化教育

税收文化是指税收征纳双方构成的特殊社会群体各自内在的税收行为活动的文明成果以及征纳主体之间相互作用而形成的意识形态，主要包括税收思想、纳税意识、纳税心理、税收价值、税收信息、税收道德等。通过税法知识学习，让学生了解我国税法的发展变化历程，了解各个历史时期税法的基本制度和文化精髓。例如在治税思想方面，从孔子的“敛从其薄”，强调对租税税源的培养，到墨子的观点和儒家的不同税法思想的认识，再到今天以税收法定、税收公平为特征的征纳双方地位平等、权利义务受到平等保护的自觉、主动纳税的税收意识和税收文化。

（五）终身学习观教育

税法的特征是变更频繁，需要不断学习，要求学生秉承终身学习的理念，在掌握基本税法原理、税收法律框架的基础上，不断保持学习的热情，了解和研究税法的更新，掌握新的税收政策，学会正确运用。另外，税法技能的培养，不管是各税种应纳税额的计算，还是税收筹划的方案的设计，或是税务纠纷的处理都是需要建立在对专业知识掌握的基础上，同时配合以其他的协调沟通、规划组织的能力和素质，这些都是需要长期训练和养成的。教师在教学中要进行终身学习理念的培养和训练，让学生养成和牢固终身学习的专业思想。

三、税法课程思政的总体构想

近年来我国的课程思政在全国得到大范围的推广，取得了可喜的成效，为我国大学生的思想政治教育探索出了富有成效的新路径。同样地，税法的课程思政也在全国高校中进行着积极的试验和探索，但从目前的实践效果来看，还存在不足，未来还需要不断地进行总结和思考，对现有的课程思政的理念、目标、方法进行反思和调整，构建更加完善的课程思政体系。

（一）充实税法课程思政的目标内涵

课程思政的功能被习惯性地总结为爱国教育、政治思想教育、专业思想教育、道德品质塑造等，但课程思政的功能绝不局限于此。团队协作意识、创新意识、审美意识、艺术赏析能力乃至演讲与口才的培养、挫折教育、情商教育等都应该是课程思政的重要组成部分。未来需要进一步开发税法的课程思政的功能，解决课程思政培养目标内涵不足的问题。未来要在税法的专业教学中，拓展课程思政的教学空间，增加课程思政的功能。例如，通过团队参与税法知识大赛，在专业知识和专业技能提升的同时，培养队员之间的协作精神，在攻克技能大赛难关的过程中，培养他们的抗压能力和面对失败的勇气。

（二）提升学生对税法课程思政的参与度

“课程思政”是指通过运作整个课程，即显性课程（包括思想政治教育理论课程和各学科课程）和隐性课程（包括物质层面的、精神层面的、行为层面的、制度层面的隐性课程），在全员参与下，对学生予以全方位、全过程的思想政治教育的活动与过程。[①]学生对课堂教学的接受与参与的态度在很大程度上决定了税法课程思政的效果。而在税法学习过程中，学生普遍认为

① 何玉海：《关于“课程思政”的本质内涵与实现路径的探索》，《思想理论教育导刊》，2019 年第 10 期，第 130−134 页。

专业知识学好就行，课程学习中的课程思政成分可有可无。但实际上，税法的课程思政建设不好，学生轻则自己不依法纳税，重则可能进行一些税收方面的违法犯罪活动，遭受法律的制裁，还破坏我国的税收征管秩序，损害我国的税收利益。未来需继续完善课程评价体系和教学方法，提升学生对课程思政的重视。例如：今后继续完善课程考核评价机制，坚持过程考核，要求学生进行课程小论文的写作，了解学生的思想认识状态。同时，加强教学中对税收违法案例的分析，进行警示教育，帮助学生树立正确的税收法治观，自觉履行纳税义务，合法从事税务工作。

（三）建立税法课程思政的协调育人机制

“课程思政”不仅体现出大学课程对个体精神成长意义的追问，也表达出课程要对大学生的思想和行为进行价值引导，以遵循国家主流价值观要求的精神旨归。[①]这种追问和引导不是某个教师、某个学院、学校的个别行为，而应是国家、社会、学校、教师、家长、学生共同协作，不同的专业课程之间、专业课程和思政课程之间密切配合的“立德树人”的长期的协调育人机制。这种机制有着共同的价值引领，有着同样的行动目标，存在长期的制度诉求。

税法作为法学高年级学生的专业拓展课程，需要同民法、民事诉讼法、经济法、合同法、行政法等法学学科协调配合，触类旁通。同时，还需要和其他的管理学、会计学、金融学类课程相互配合，帮助学生理论联系实际，实现学科交叉。各专业课程之间的协调配合的过程也是课程思政相互协调配合的过程。通过各学科之间的协力，共同培养爱岗敬业、爱国诚信、有良好的税收职业技能和税收职业伦理的税收专业人才。

---

① 伍醒、顾建民：《“课程思政”理念的历史逻辑、制度诉求与行动》，《大学教育科学》，2019 年第 3 期，第 54-60 页。

四、税法课程思政的具体实施路径

“课程思政实质是一种课程观，不是增开一门课，也不是增设一项活动，而是将高校思想政治教育融入课程教学和改革的各环节、各方面，实现立德树人润物无声。”[①]税法的“课程思政”并不是机械地要求每节课用固定时间进行教学的德育安排，而是要结合税法课程本身的特点，在课程思政的总体构想的基础上，在教学的过程中，寻找思政元素，将思政教育有机地融入专业课程教学，具体而言，可通过如下几个方面来进行：

（一）税法教学过程嵌入课程思政理念

在课程思政的视角下，税法教学的全过程，不论课程目标和课程标准的确立，还是教学方法、教学内容的设计，抑或是考核方式的制定都应嵌入课程思政的理念。

在课程思政的理念下构建税法的教学目标和教学内容。如前文所述，在课程思政的理念下，作为一门专业课程，税法同时承载了专业知识与技能的培养和思想政治教育的双重目标和功能。税法课程思政首先应对教学目标进行优化，在税法专业知识和能力培养目标的基础上，增加思政教育目标：加强爱国主义和理想主义教育；帮助学生树立正确的世界观、人生观、价值观；塑造学生的职业伦理和职业素养；灌输社会主义的税法理念和税法文化。

以课程思政的理念为依据设计教学方法和考核方式。教学方法和考核方式是税法教学中凸显课程思政的重要的教学环节。课程思政不是僵化的思想政治理论观点和价值观的照本宣科，而需要根据税法知识的内容特点，采取灵活生动的教学方法。例如，除了传统的讲述法之外，还可以采用课堂讨论法、多媒体教学法、情景教学法、案例研讨法、角色扮演法等多种方法，让学生进行税收知识的学习的同时，进行是非道德观的辨析，进行职业伦理

① 高德毅、宗爱东：《从思政课程到课程思政：从战略高度构建高校思想政治教育课程体系》，《中国高等教育》，2017年第1期，第43-46页。

的塑造和爱国主义、集体主义精神的培养。结合教学方式的变化，税法课程的考核方式也需要渗入课程思政的理念进行调整：重视过程考核，将出勤情况、课堂表现、课后思考讨论和课外实践表现列为考查对象，体现课程思政的要素，加以综合评判。

（二）税法教学内容融入课程思政元素

传统的税法教学模式中，税收理论知识的讲授和税务技能的培养绝对是教学的重点，思政教育穿插很少甚至完全被忽略掉。但是，税法教学过程中，有很多环节可以将思想政治教育的元素自然地融入税法专业知识的教学中。在修订税法课程教学大纲时，可以以任务性驱动模式，系统梳理其中的德育元素，细化思政要点，设计理论和实践相结合的课程任务，展开创新型的教育教学研究，这样有助于建立符合时代的税法课程，培养适应社会需要的人才。①

例如，在税收的概念和本质的教学中，让学生理解税收取之用民，用之于民的功能和正当性，培养学生遵守税收法制，依法诚信纳税的良好意识和税收法治观念。在进行增值税征税范围的教学的时候，通过讲述增值税的现有征税范围，回顾“营改增”历史，融入法治改革创新、国家宏观调控经济政策等思政元素。

（三）税法教学方式融合课程思政

从课程思政的视角来看，思想政治工作已经是全体高校教育工作者的共同任务，任何专业课程的教学都需要同时推进课程思政工作。在税法的知识传授中，以课堂融合、课外实践等方式灵活地融入课程思政。

作为专业教师，占领课堂教学这一阵地来进行课程思政的融合是最重要

---

① 茆晓颖：《课程思政理念融入“税法”课程教学的探索》，《教育教学论坛》，2020年第11期，第52-54页。

的任务。在税法的教学过程中，通过课堂讲授、课堂讨论互动、案例分析、微视频、翻转课堂等多元化课堂教学方法，在教授税法知识的同时，自然地融入思想政治教育。学生在了解税收的基本理论知识与税制框架的基础上，建立起社会主义税收法治思想和职业伦理思想。例如，在讲授特别纳税调整的知识点时，通过带领学生分辨避税、偷逃税等相关概念，融入诚信纳税的课程思政内容，同时还融入依法进行税收筹划、纳税申报、维护纳税人的正当权益和国家的税收利益的职业伦理观。

通过拓展税法教学的空间和时间，为学生提供更多学习资源，引导学生开阔视野，增加课程思政的时空范围。例如，有意识地给学生介绍和提供利用图书馆、电子数据库、电视、广播、微博、微信等渠道，学习和吸收各种有关的税法知识，更深入地了解国家利用税收实现的国家宏观经济调控、资源配置、收入分配等职能及取得的伟大成就，增强民族自信心、自豪感。

实践培养也是课程思政的重要方式。组织和引导学生积极参加各种企事业单位、税收中介机构、税务机关的专业实践活动，学习体会我国税收征管的全过程，感受税收政策、税收征管活动对企事业单位的发展、经营，管理的引导、规范。结合各种重大的时事，融合专业知识进行思政教育。例如，鼓励学生以调查研究、实地走访等方式了解尤其是自新冠疫情暴发以来，我国政府出台的各种税收优惠政策在帮助国家经济复苏、促进各地各类企业复工复产所起到的重大作用，加深对我国税收功能的认识，牢固树立专业意识，增强民族自豪感。

（四）提升教师教学能力促进课程思政

教师本人的政治思想理论水平、道德修养是他们是否能较好地完成课程思政任务的前提。教师首先要做到“以德立身、以德立学、以德立教”，树立良好的师德风范。教师应该自觉成为中国特色社会主义的坚定信仰者和忠实实践者，用自己的学识、阅历和经验点燃学生对真善美的向往和爱国爱党情怀。[①]

具体来讲，教师首先要从思想上重视对思政理论的学习，可通过电视媒体、网络、杂志、书籍和培训班等学习方式全方位学习提高，其次学校也应重视对专业课教师的思政教育，定期举办思政理论培训学习班，邀请校内外专家举办讲座，不定期开展专业教师的思政理论研讨活动。教书育人，为人师表，教师的一言一行都影响着学生，教师一定要以高标准来严格要求自己，以身作则，将社会主义核心价值观传递给学生。

作为承担课程思政教学任务的主体，税法老师的课程思政水平和能力在很大程度上决定着课程思政的实现效果，所以，无论是学校、学院，还是税法老师本人都需要抓住机会提升自己的课程思政能力。首先，学校、学院作为教学单位，作为课程思政的宏观把控者，要从总体上积极创建课程思政的氛围，建立课程思政教学的评价体系：组织教师们进行课程思政方法的讨论；展开课程思政教学能力比拼；鼓励撰写课程思政论文和进行课程思政的教学改革研究；加强对教师的课程思政的教学资料的检查和课堂教学检查；建立和健全课程思政的教学评价体系，将课程思政教学实效作为教师教学效果考察、考评推优、岗位聘任的重要指标。其次，税法老师本人需要高度重视思政能力的提升。在日常的教学活动中，要自觉地进行课程思政的全环节渗透和融入。在备课中，要认真地寻找每一堂课中可能的课程思政要素，精心设计课程思政元素的呈现方式，在课程上自然地展示并以课外学习拓展和实践的方式强化和巩固课程思政的要素。例如，在学习企业所得税的税前扣除范围的时候，提前准备相关的企业纳税中不遵守借款利息、业务招待费、广告宣传费、捐赠费用等项目的扣除规定，多列支税前扣除项目进行偷税漏税的案例，在课堂教学中一方面让学生进行应纳税额的计算正确的扣除限额，另一方面，通过分组讨论、观看典型案例的视频等方式，让学生了解案例中纳税人行为的违法之处和要承担的法律后果，进行依法纳税、依法从事涉税服务工作意识的灌输。

---

① 茆晓颖：《课程思政理念融入“税法”课程教学的探索》，《教育教学论坛》，2020年第11期，第52-54页。

结 语

将“知识传授”和“思想政治教育”功能相融合的课程思政的改革已经在全国高校兴起，这是我国高校思政政治教育改革的总体方向，也是培养德才兼备、全面发展的大学生的重要途径。税法的课程思政的改革实践在全国高校方兴未艾：课程思政的理念贯穿教学环节；课程思政要素融入教学内容；课程思政方法融合教学过程等教学改革被证明是行之有效的尝试。未来需要不断地总结和提升，进一步充实税法课程思政的目标，加大学生的参与力度，建立多课程协作相互的培养机制，培养出德行兼备的税法专业人才。

参考文献

[1] 王学俭，石岩. 新时代课程思政的内涵、特点、难点及应对策略[J]. 新疆社会科学学报（哲学社会科学版），2020（3）：50-58.

[2] 伍醒，顾建民.“课程思政”理念的历史逻辑、制度诉求与行动[J]. 大学教育科学，2019（3）：54-60.

[3] 高德毅，宗爱东. 从思政课程到课程思政：从战略高度构建高校思想政治教育课程体系[J]. 中国高等教育，2017（1）：43-46.

[4] 茆晓颖. 课程思政理念融入“税法”课程教学的探索[J]. 教育教学论坛，2020（11）：52-54.

[5] 何玉海. 关于“课程思政”的本质内涵与实现路径的探索[J]. 思想理论教育导刊，2019（10）：130-134.

《知识产权强国建设纲要》实施背景下知识产权学科教学的实践探索

◎ 刘为忠

【摘　要】目前我国高校的知识产权教学主要是围绕知识产权法展开的，凸显了知识产权的教学体系、教学方法上的单一和狭隘。知识产权学科教学过程中存在教学理念不够重视、教学方式不够科学、教学内容不够融合、评价机制不够完善等问题。此外，复合型知识产权人才匮乏，严重制约创新型国家建设和知识产权强国战略实施，因此，应通过构建合理的知识产权理论架构、优化知识产权学科教材内容、创建多元化知识产权课堂、努力改善师资结构，以及改善知识产权学科教学评价机制予以有效应对。

【关键词】知识产权学科；课程教学；理论体系；人才培养

2021 年，中共中央、国务院印发《知识产权强国建设纲要（2021—2035 年）》（以下简称《纲要》）。《纲要》旨在统筹推进知识产权强国建设，全面提升知识产权创造、运用、保护、管理和服务水平，充分发挥知识产权制度在社会主义现代化建设中的重要作用。习近平总书记在博鳌亚洲论坛、中国首届进口博览会、“一带一路”国际合作高峰论坛等场合发表的主旨演讲提出营造尊重知识价值的营商环境，全面完善知识产权保护法律体系等论

作者简介：刘为忠，男，法学博士，重庆工商大学法学与社会学学院讲师，主要从事知识产权课程教学研究。

断。这为我国知识产权事业沿着法制化轨道健康发展带来难得的机遇，也对我国高校知识产权人才的培养提出了严峻挑战。高校知识产权人才的培养直接关系到我国知识产权强国战略目标和创新型国家建设目标的实现，必须摆在更加突出的位置。中国特色知识产权理论体系是在知识产权问题上对“中国道路”的理论概括，是法学理论体系中的“知识版”。知识产权强国的基本任务是在知识产权学科教学中形成一种区别于纯粹的政治话语和道德说教的、具有特定逻辑构成的范畴体系和知识体系。高校学科教学中应当高度重视知识产权理论体系在课堂上的构建与完善，从整体化、本土化、科学化的学术规范和实践要求出发，讲授中国特色知识产权理论体系的内容，培养高素质的知识产权专门人才。①

一、知识产权课程概述

知识产权课程是一个综合版的知识体系。其中著作权发生在文化创作领域，与文化创新、文化产业息息相关；专利权产生于技术应用领域，与科技创新、科技产业紧密相连；商标权则运作于工商经营领域，涉及商品销售、市场竞争等诸多问题。知识产权教学主要是为了培养知识产权专业人才而设置，保证学生能够运用知识产权法律解决实际问题。在当前社会经济发展的前提下，知识产权学科属于隐私权和财产权相融的学科，属于一个新型的学科。②在高校，发展知识产权学科建设是中国知识产权事业建设实践的内在要求，有助于推动法学理论体系的形成。知识产权学科教学的完善是中国法学研究走向繁荣与成熟的重要标志。从教学创新与知识创新的价值目标出发，对知识产权学科进行理论挖掘和思想总结，是知识产权学科教师面临的重要学术任务。知识产权基本范畴的理论研究，主要涉及本体论范畴、价值论范畴、制度论范畴、政策论范畴、运行论范畴以及文化论范畴和发展论范畴。③

① 贲向前：《基于“大众创业、万众创新”的知识产权教学改革研究》，《创新创业理论研究与实践》，2019 年第 2 卷第 22 期，第 31-32 页。

② 刘春田：《知识产权学科的性质与地位》，《中国军转民》，2022 年第 1 期，第 13-21 页。

③ 吴汉东：《中国知识产权理论体系研究》，商务印书馆 2018 年版，第 2-8 页。

本体论是对知识产权的存在及本质的认识和概括，是知识产权研究的逻辑起点；价值论是知识产权对主体的效用以及主体对运行效用评价的认识和概括；制度论是对知识产权法律的制定与实施、构成与演变的支持；政策论是对知识产权政策的规划、制定、实施、评价的认识和概括；而运行论是对知识产权的运行操作环节的认识；文化论是人们关于知识产权现象的观念和行为模式的认识；发展论是知识产权研究要立足中国国情，与时俱进。

二、我国高校知识产权课程教学存在的不足

（一）知识产权学科理论体系不够重视

目前，我国有些知识产权法教师认为思想政治教育应由思政专业教师开展，自己只需要做好专业知识的传授即可，从而在理论研究和教学实践中过于强调课程的专业特性，忽视理论体系的构建。此外，还有部分教师虽然认同知识产权法课程思政教学改革的价值，但是认为知识产权法同其他部门法如宪法一样具有鲜明的意义立场和价值取向，并不需要过多地进行理论框架的构建。

（二）教学方法缺乏灵活性和多样性

当前知识产权专业课程教学沿袭了传统的法学课程教学方法，以教师单向地传授理论知识为主，以师生间开展案例研讨式教学为辅。采用此教学方法，即便教师尽力克服传统教学模式缺陷，提高自身讲课技巧，深入浅出向学生传授专业知识，但终究因教学方法落后，收效甚微。此教学方法使学生处于被动接受知识的状态，缺乏学习的积极性和主动性，实践动手能力无法得到应有锻炼，不符合《普通高等学校本科专业类教学质量国家标准》规定的应用型人才培养的要求。知识产权学科教学方法缺乏的灵活性和多样性，直接阻碍课程教学质量的提高。[①]

---

① 何承斌：《知识产权法“课程思政”教学改革的困境与出路》，《牡丹江大学学报》，2021 年第 30 卷第 12 期，第 119-124 页。

（三）人才培养与市场需求严重脱节

知识产权人才对经济社会发展意义重大，是当前社会紧缺的人才之一。我国当前知识产权学科已经形成相对固定的人才培养模式，知识产权本科教育主要定位于既掌握知识产权基础又具备知识产权应用能力的通用型人才；知识产权研究生教育则注重培养学生扎实的知识产权专业理论知识。然而，社会对知识产权人才的需求多偏向知识产权实践性人才，而对知识产权理论性人才的需求量较小。这从一定程度上反映出高校人才培养与市场需求严重脱节，从而导致相关企业招不到适合自己需要的知识产权人才，而知识产权专业毕业生无法实现理想就业的尴尬局面。

（四）师资力量与培养目标相差甚远

当今社会对高级知识产权人才需求与学校师资力量不足之间存在矛盾。知识产权培养目标所要求的“扎实的知识产权理论知识和业务技能”“复合型高素质人才”对专业师资提出了很高的要求。但现有高校的知识产权专业师资队伍绝大多数在数量和质量、专业学科结构及实践经验等方面都无法满足人才培养目标的需要。高校师资队伍建设中往往偏于注重教师的学历和科研水平，对教师参与知识产权经营、管理、保护等环节的实践经验方面重视程度不够，导致不少高校知识产权教师平时忙于搞课题与科研，参加实践锻炼和培训的机会少，无暇关注大学生实践能力的开发研究与实践。师资队伍与人才培养目标要求不相匹配，严重制约了知识产权人才的培养。[①]

（五）教学评价机制不够完善

教学评价的导向功能显著，会在较大程度上影响到知识产权课程教学效果的持续提升。但目前很多高校在知识产权课程评价机制方面还存在着诸多漏洞，对传统终结性评价模式较为依赖，这样不仅无法全面、客观考核学生

---

① 崔汪卫：《高校知识产权课程教学的美国视角与经验启示》，《黑龙江工业学院学报（综合）》，2020 年第 20 卷第 10 期，第 1−5 页。

的知识产权学习状况，教师也难以根据评价结果及时转变和调整课堂教学计划与模式。同时，教学评价的内容不够全面，学生的学习态度、日常表现等没有充分纳入评价体系中，这样无法有效指导学生的全面发展，不利于端正学生的学习态度，导致很多学生没有认识到知识产权案例分析的重要性，不能够深度参与进来。

三、我国高校知识产权课程教学改革的具体路径

（一）构建合理的知识产权理论架构

中国特色知识产权理论体系是在知识产权问题上对“中国发展道路的理论概括”，也是中国特色社会主义理论体系的有机组成部分。任何有效的法律实践都离不开相应的理论铺设。知识产权理论教学的基础之一在于“体系”。从方法论而言，课程教学应当以结构主义的眼光搭建理论体系的框架，结构主义的一般倾向是：第一，将研究对象视为一个系统，并且能找出不向外面寻求解释的规律，建立起自己说明自己的结构；第二，实际找出来的结构要能够形式化作为公式而作演绎法应用。[①]从具体内容上看，知识产权理论教学是开放式的研究，主要表现为传统知识产权保护范围不断扩大，新型知识财产陆续出现，经营标记的财产价值日益受到重视。此外，由于知识产权垄断性的强化，有必要从根本上反思知识产权法定性、垄断性问题，强化课堂上知识产权理论体系的构建。

（二）优化知识产权学科教材内容

我国高校在知识产权教材编排过程中，需将各个专业的实际特征和发展需求充分纳入考虑范围，对知识产权知识体系的完整性逐渐淡化，着重服务于学生专业技能的培养。首先，可将模块设计手段运用过来，依据学生的认

① 高丽娜、张卫东：《知识产权教学原则及方法》，东北师范大学出版社 2018 年版，第 103 页。

知能力与专业培养目标，对基础模块、职业模块、拓展模块等分别进行构建。这样学科体系将会被模块教学所取代，教师的灵活性更强，能够依据专业特征对教学内容、教学模式等合理选择。其中，基础模块主要引导学生对知识产权基础知识进行学习，职业模块则密切联系着实际岗位技能要求，重点培养学生的职业技能，而拓展模块的难度较大，主要满足部分学生的继续提高需求。通过模块的合理设计与构建，学生之间的能力差异得到尊重，教师教学工作的针对性也可以得到增强。其次，知识产权学科涵盖较多的内容，与学生专业技能培养具有密切的联系。在教学内容设计时，教师既需要明确课堂教学的重点，又需要将专业相关内容引入进来，促使知识课堂的深度、广度等得到拓展。这样学生既可以深入理解知识产权知识，又可以增强知识产权教学的实用性，将学生的探究动机调动起来。

（三）创建多元化知识产权课堂

针对高校学生知识产权学习兴趣缺乏的现状，知识产权学科教师需对课堂教学模式大力创新，将多元化教学手段综合运用起来，增强知识产权课堂的趣味性和吸引力，促使学生的学习动机得到激发，高效改善学生的知识产权学习效果。首先，多媒体演示。很多案例知识和原理需借助于载体进行呈现，仅仅依靠教师口头讲解与教材描述，学生的理解难度较大。针对这种情况，教师可将多媒体技术引入进来，以视频形式动态转化知识产权知识点，这样学生的学习难度可以得到降低，进而提高学生学习效率。同时，多媒体能够丰富知识呈现形式，有助于学生对知识产权学习兴趣的建构。其次，探究情境化教学。通过不同场景的设置，能够体现知识产权教材中的知识与原理，帮助学生更加透彻地理解和记忆。为改善情境教学效果，教师可将探究实验教学模式构建起来，由学生结合某一知识产权问题，大胆提出假设。且以小组形式对案例进行分析和专项设计，验证假设的正确与否。这样不仅学生可以深度理解知识，案例分析能力得到培养，还可以锻炼、发展学生的创新思维能力。

（四）努力改善师资结构

为适应社会的需求，落实各方协同的人才培养创新培养模式，知识产权学科的授课师资队伍也必须进行相应的改革完善。可以说，国内现在几乎还没有一所高校完全具备培养合适知识产权人才的全部师资。知识产权人才在培养机制上，与其他法学人才一样，缺乏法律职业部门的介入和引导。因此，高校需要借助政产研用单位的教师资源，弥补自身在知识产权师资数量和结构方面的不足。中原工学院知识产权学科除了法学课程由本校专业教师讲授外，在其他知识产权实务性强的课程方面灵活采用多种方式引进实务界专业人士担任兼职教师，较好解决了师资数量和结构方面的短板。①各高校除知识产权专业外，应发掘法学、管理学、经济学等学科及科技成果管理部门及图书信息情报人员中的知识产权元素，将其中对知识产权研究较深或有知识产权相关领域实务经验的人员充实到知识产权师资队伍中，请他们担任某些知识产权专业理论或实务课程的教学任务或指导学生的实习实训。这样能充分利用校内师资，有效缓解知识产权专业师资不足、结构不合理的问题。高校通过聘请实务界具有丰富实践经验且具备相应职称的知识产权高层次人才、知识产权律师、企业知识产权高管等作为知识产权专业外聘教师，请他们独立或协助担任实务性课程的授课任务，指导学生实习等，能有效补充校内师资实务能力不足的痼疾，强化学生实务能力培养。②

（五）改善知识产权学科教学评价机制

为全面发挥教学评价的导向作用，知识产权教师需积极创新教学评价模式，增强教学评价的科学性与合理性。首先，要在传统终结性评价模式的基础上，充分重视过程性评价工作的实施，分阶段开展考核评价工作，以此来

① 程丁卯：《知识产权学科应用型课程教学困境及应对措施》，《计算机产品与流通》，2018 年第 8 期，第 205、208 页。

② 付琛瑜：《知识产权人才协同培养路径探析》，《河南科技》，2020 年第 39 卷第 30 期，第 36-42 页。

规范和指导学生的学习行为。要拓展评价内容，既要关注学生对知识产权理论知识的掌握情况，又要考核学生的热点案例分析能力。同时，将学习态度、创新能力等内容全面加入考核体系当中，促使考核评价的全面性得到体现。其次，要将学生的评价主体地位发挥出来，以问卷调查、师生交流等形式定期征集学生的建议，深入了解阶段教学效果，帮助知识产权学科教师及时改进教学思路和模式。

结 语

在中国特色社会主义法学理论体系中，开设专门的知识产权课程、构建严谨的知识产权理论体系以及培养高素质的专业人才，在宏观上有以下三点意义：一是为我国的知识产权事业提供坚实的理论支撑；二是为知识产权法治建设提供科学的智力支持；三是为构建知识产权国际软实力提供重要的学科成果。本文通过分析现行知识产权学科教学存在的不足，结合我校在知识产权人才协同培养方面的实践经验，针对这些不足提出具体对策，为素质高、能力强的知识产权人才培养以及学科体系的建设提供借鉴，希望对接下来的知识产权学科教学有所裨益。

参考文献

[1] 贲向前. 基于“大众创业、万众创新”的知识产权教学改革研究[J]. 创新创业理论研究与实践，2019，2（22）：31-32.

[2] 刘春田. 知识产权学科的性质与地位[J]. 中国军转民，2022（1）：13-21.

[3] 吴汉东. 中国知识产权理论体系研究[M]. 北京：商务印书馆，2018.

[4] 何承斌. 知识产权法“课程思政”教学改革的困境与出路[J]. 牡丹江大学学报，2021，30（12）：119-124.

[5] 崔汪卫. 高校知识产权课程教学的美国视角与经验启示[J]. 黑龙江工业学院学报（综合版），2020，20（10）：1-5.

[6] 高丽娜，张卫东. 知识产权教学原则及方法[M]. 长春：东北师范大学出版社，2018.
[7] 程丁卯. 知识产权学科应用型课程教学困境及应对措施[J]. 计算机产品与流通，2018（8）：205+208.
[8] 付琛瑜. 知识产权人才协同培养路径探析[J]. 河南科技，2020，39（30）：36-42.

思维导图在“劳动与社会保障法”教学中的运用

◎ 李喜燕

【摘　要】“劳动与社会保障法”存在内在知识体系庞杂、教学知识凌乱、不容易掌握等特点。思维导图具有系统性、动态性、具体性、趣味性的特点，将其运用到教学中有利于课程内容系统化、杂乱知识点体系化，有激发学生学习兴趣、提高教学效率的优势。“劳动与社会保障法”课程教学应该有效利用思维导图的优点，将思维导图合理运用于“劳动与社会保障法”课堂教学不同阶段，并与线上教学、案例教学有效融合，从而增强课堂教学实效，实现教学目标。

【关键词】思维导图；劳动与社会保障法；教学

引　言

“劳动与社会保障法”学是法学本科专业一门核心课程。按照我国的“劳动与社会保障法学”马工程教材体系，该门课程共有十四章，包括劳动法和社会保障法两大板块内容，知识点庞杂，重要性各异。传统的高等学校“劳动与社会保障法”课堂教学往往主要通过 PPT 的方式进行教学，以当次课教

基金项目：重庆市高等教育学会以高等教育科学研究课题：“互联网+”背景下基于能力导向的应用型高校法学专业课程教学模式创新研究，项目编号：CQQGJ21B051。

学内容为限制，针对当节课知识点进行展示。这种教学方式的缺点在于教学中知识相对零散化、碎片化、静态化，教学内容衔接性不足、体系性不足、动态性不足，学生在学习中兴趣度不够，学习效率不高。那么，何种教学方式能够克服这些问题，成为法学教学的一个重要研究课题。为此，思维导图的教学方式成为一种有益的尝试。

一、思维导图的主要特点

思维导图是由英国托尼·巴赞发明的工具[①]，这种工具以图形化的形式呈现。思维导图是指把思维通过图画和线条的方式勾勒出来以提高学习、思考、记忆效率。思维导图能够使用特定的图形结构、图案来组织和表现知识与知识之间的关系，由一个中心主题，发散到多个分支主题，逐层延展内容，具有主题突出、主干发散、层次分明、节点连结等优点。[②]思维导图表现思维的过程和发散思维的形成，能形象地展现人脑的思维过程，帮助学习者进行记忆、理解，激发创造力和提升思维组织能力。随着信息技术的发展，思维导图的绘制已有专门的软件，如 XMIND、Mindmanager、Freemind、Inspiration、WPS 等。思维导图可以促进大脑潜能的发挥，促进独特思维方式的形成和创造性思维的发展，增强解决问题的能力。[③④]思维导图体现出以下特点：

（一）系统性

思维导图能够变复杂为简洁，从一个中心内容延伸，然后逐层分解——思维导图可以将一门课程从一级标题，分解到二级标题、三级标题、四级标题等多层层次，每个层级之间联结清晰，条理清楚，能够帮助使用者建立系

① 常敏：《创新思维工具在法学教学中的应用》，《高教学刊》，2018 年第 17 期，第 24-26 页。

② 张静：《思维导图辅助经济法课程教学的探索与实践》，《商业会计》，2019 年第 1 期，第 108-109 页。

③ 刘智敏、独知行、于胜文，等：《思维导图方法的教学实践》，《测绘科学》，2016 第 9 期，第 186-190 页。

④ 王竹萍：《思维导图——高校课程教学创新的有效途径》，《黑龙江高教研究》，2011 年第 5 期，第 175-176 页。

统化的总体结构。思维导图的思维框架极其有利于系统化学习。[①]比如“劳动与社会保障法”课程的思维导图可以将整个一门课程各个子内容全部放置其中，形成整体性知识体系。

（二）动态性

思维导图并不局限于静态的呈现方式，而是可以随着使用者的需要以动态方式呈现。这种动态的呈现方式表现为两个方面：一方面，使用者可以根据自己的需要，只呈现一级标题、二级标题或者自己需要的任何级别的标题层次，从而呈现出不同的内容。另一方面，思维导图可以根据使用者的需求，随时编辑，增加或者减少内容。这种动态导图的绘制方式能及时捕捉思路并启发发散思维，体现使用者和学习者的思维动态，激发思考。

（三）具体性

思维导图可以化抽象为具体。课程内容存在大量的抽象概念、理论和知识体系，在教学中讨论某件事情，需要从不同的角度思考问题，转化为具体的思路和内容，这也是教学中教材体系转向教学体系的过程。思维导图可以以某种抽象的内容或案例为中心，让学习者或使用者围绕中心词或案例问题自由发挥和联想，不同的思路和联想就组合成为了不同的“具体”内容，让使用者和学习者将抽象的知识转化为具体的内容。

（四）趣味性

思维导图的趣味性至少体现为以下几个方面：一是，思维导图在使用的过程中不仅区分不同层级关键词所体现的内容，而且可以将每个子目录折叠，将其他的子目录打开，从而使学习者可以在不同的内容之间进行转化，增加内容的趣味性；二是，思维导图可以采用不同的内容构图和色彩进行体现，

① 刘密：《思维导图在〈针灸学〉教学中运用的体会》，《时珍国医国药》，2015 年第 11 期，第 2779–2780 页。

这种图文并茂的呈现方式，也能够将某些特定的、需要着重强调或者非重点内容予以区分，这种层次清楚、逻辑清晰的呈现方式相较于枯燥的阅读、记笔记的方式，更加具有趣味性，能够激发大脑能量，为思维发散注入活力；三是，绘制者和其他使用者通过观察静态的思维导图也可以回忆整个动态的思维过程，不同的颜色和图像也使使用者和学习者更加容易记忆，促进理解，使学习变得有意义。

二、思维导图在“劳动与社会保障法”教学中运用的优势

虽然思维导图被广泛用于各个领域，但是在法学教学尤其是“劳动与社会保障法”教学中的应用远远不够。事实上，鉴于思维导图的上述特点，将其运用于“劳动与社会保障法”课堂教学，对克服现有“劳动与社会保障法”课程的弊端，提高课程教学效果，具有特有优势。

（一）思维导图的运用有利于课程内容系统化

“劳动与社会保障法”是一门理论与实践紧密结合的学科，该课程的学习目的是培养法律专业的学生具有自成体系的理性思维，并能够处理劳动争议实际问题和解决劳动与社会保障实务问题。将思维导图运用到“劳动与社会保障法”教学中，能有效促进课程内容体系化。第一，思维导图从核心词出发，向四周进行辐射的方式画出主题、一级子主题，再延伸出二级子主题，以此类推，通过可视化的方式，帮助学生全面有效地把握课程知识体系，形成自成体系的理性思维能力。第二，学生可以通过思维导图的方式进行预习，形成知识框架，发现知识难点，能够在不同学习环境中有针对性地进行互动和交流，训练学生的概括能力，掌握课程的知识体系。第三，以“劳动与社会保障法”导论为例，在经过学生的一系列自主探究合作、自我反思后，做出合理化、体系化的思维导图，有利于促进课程体系化与知识建构，加深学生对本课程的理解与运用，构建属于自己的知识体系，提高学生的自主创新能力和思维能力。第四，对教师而言，通过学生对思维导图的展示和理解，

总结学生遇到的问题，分析问题产生的原因，总结各个章节的教学目标和内容体系，将知识系统化地呈现给学生，可以进一步促进学生对知识的系统化掌握（见图 1）。

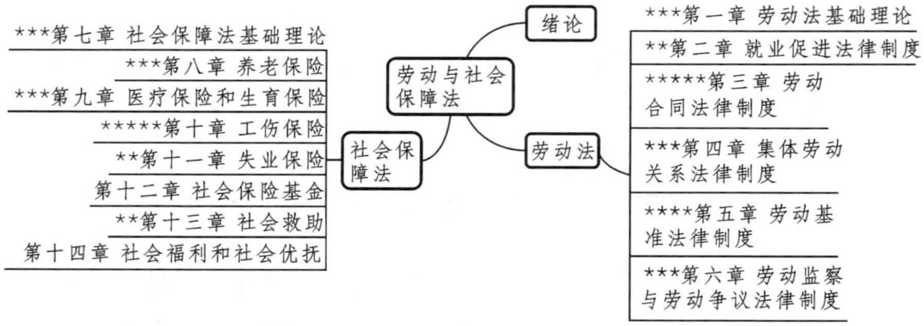

图 1 “劳动与社会保障法”全课程总体思维导图

（二）思维导图的运用有利于杂乱知识点体系化

思维导图可以让知识可视化，促进信息优化整合，提高综合学习能力。[①]劳动合同法律制度部分是“劳动与社会保障法”中的重点章节，其知识点体现出劳动法、社会保障法、合同法相结合的特点，既有劳动法中关于劳动和社会保障的公法规定，又有民法中私法性质的合同规定，其知识点庞杂，但运用思维导图可以整理其逻辑体系，构建出简洁、易懂的知识体系。以劳动合同解除和终止的经济补偿为例，知识重点为劳动合同解除或终止后的经济补偿，大方向上可以将其分为经济补偿的事由、经济补偿的标准。以经济补偿的事由来说，又可以分为劳动合同解除的经济补偿事由和劳动合同终止的经济补偿事由两个部分。劳动合同解除的经济补偿事由又可以分为四个部分：一是用人单位原因，劳动者单方解除合同；二是用人单位在特定情形下向劳动者提出解除劳动合同并与劳动者协商一致解除劳动合同的；三是无过失性辞退；四是经济性裁员。这四个部分又可以分裂出《中华人民共和国劳动合同法》中的第 38 条、第 40 条、第 41 条。而劳动合同终止的经济补偿事由又

① 刘海云、伍庆华、肖爱娇：《思维导图教学法在高校课堂教学中的应用研究》，《中国成人教育》，2013 年第 21 期，第 155-156 页。

可以分为四个部分（见图 2）。经济补偿的标准又可以分为一般标准、特殊标准和经济补偿的分段计算三个部分。如果单纯使用文字赘述，会感到知识点冗长、分裂、复杂，但使用思维导图则可以构建知识点的逻辑体系，加强知识点之间的关联性。由此可见，思维导图在将杂乱知识点构建为整体的逻辑关系方面具有重要作用。

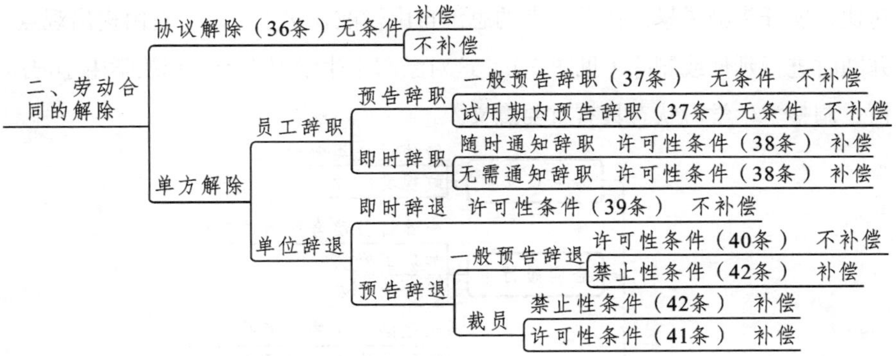

图 2 劳动合同解除经济补偿制度分解

（三）思维导图的运用有利于激发学生学习兴趣

传统教学中，教师要么采用传统板书教学，要么采用 PPT 讲授。板书教学方式的优点在于简单明了，缺点在于呈现内容过于简单；PPT 往往可以将很多内容呈现上去，但是其展示往往需要通过翻页实现，知识呈现具有零散性，不利于系统体系性掌握，学生在学习过程中往往比较被动，学习的内容容易遗忘。根据艾宾浩斯遗忘曲线，学得的知识如果不抓紧复习，在一天后就只剩下原来的 20%~30%。[①]而思维导图往往可以将以上两种方式的优点结合起来，可以将知识化繁为简，学生可以从整体上系统直观地查看一节课、一章甚至整门课程的知识点及脉络，并且思维导图可以通过图文并茂的形式，以特定的图示或者标识体现需要着重掌握的重难点知识，不仅让学生能够从

① 苏晓娟、钱小芳、刘桂华等：《早产儿医院—社区—家庭联动管理研究》，《护理学杂志》，2018 年第 5 期，第 1−5 页。

整体上掌握知识，克服了 PPT 零碎的缺点，还可以针对某个具体知识点展开呈现，让学生对某些重点进行重点掌握，并根据不同学生的特点予以不同的呈现。条理清晰、图文并茂的思维导图在展示时可以动态地增加目录和展示，可视化的方式有利于提升趣味性，培养发散思维，激发学生学习兴趣。[①]同时，思维导图的展开与折叠的动态模式，方便使用者发散性思维，并能进行知识对比，展开头脑风暴，让学习者的思维自由发散，学生主动、自由提出观点，并随时进行延伸或删除（见图 3）。这对激起学生学习兴趣、释放学生学习激情、调整学生学习状态具有重要意义。

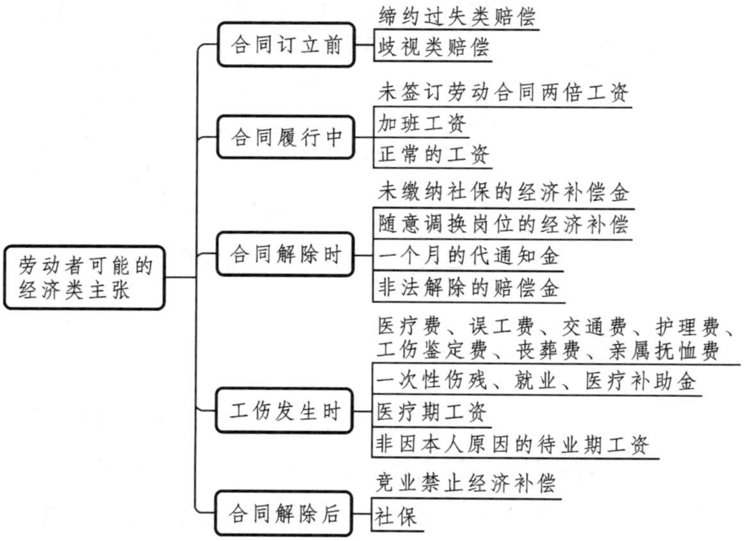

图 3 劳动者对用人单位可能的经济类主张

（四）思维导图有利于提高教学效率

将思维导图运用到“劳动与社会保障法”中，教师可以把主要精力集中在关键的知识点上，借助思维导图，可促进教师教学的针对性，减少教师备课压力。教学中讲授思路清晰，对于非重点内容，可以快速浏览，一带而过，

① 常敏：《创新思维工具在法学教学中的应用》，《高教学刊》，2018 年第 17 期，第 24-26 页。

节省宝贵的课堂时间。思维导图能够正确引导学生的学习发展方向，指出学生学习过程中的重点，引导学生思考，快速整合知识，提高学生学习效率。从记忆心理学及其规律来看，要将短期记忆转化为长期记忆，需要经过多次复习，而思维导图能够将繁杂的内容浓缩在一页或几页图示中，通过主题、一级子主题、二级子主题等进行分层延伸和表达，突出课程逻辑结构，方便形成形象记忆。从教师角度，思维导图有利于整理教学思路，进行教学反思，提高教学能力。从学生角度，思维导图有利于促进自主思维，提高学习效率，培养逻辑思维，扩充认知图式。在思维导图模式下，教师和学生都可以节省不必要的时间，特别是基于思维导图的以学为主的教学模式，在提升学习效果方面非常有效。① （见图 4）

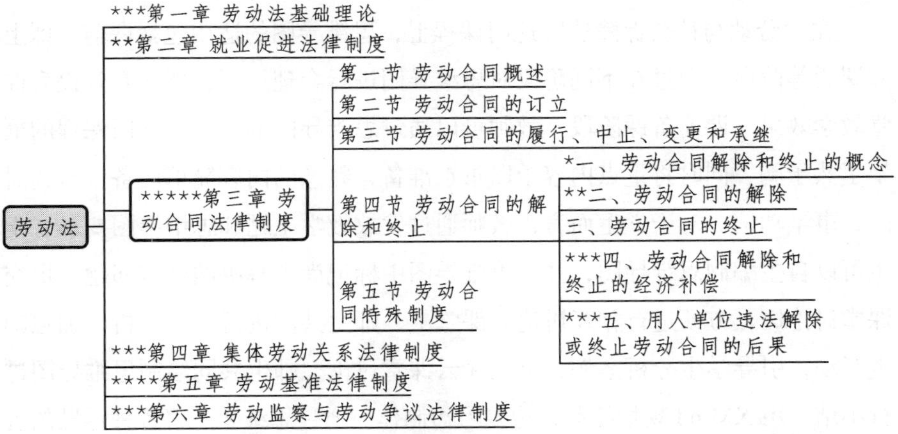

图 4 “劳动与社会保障法”课程劳动法部分第三章劳动合同法律制度思维导图下两级标题打开模式

三、思维导图在“劳动与社会保障法”课程教学中的合理运用

思维导图在“劳动与社会保障法”课程教学中不仅可以适用于课前、课中和课后等不同教学阶段，也可以与线上教学、案例教学和实践教学相结合，

① 李素蕾：《基于思维导图促进学生自主学习的教学设计研究——以工程合同法律制度课程为例》，《教育教学论坛》，2015 年第 43 期，第 183-184 页。

从而达到事半功倍的效果。

（一）将思维导图运用于不同教学阶段

思维导图在不同教学阶段具有不同的作用，不同的研究者和教学者在不同阶段的使用各有侧重。有的在教师知识重构、教师教案设计、组织课堂教学、引导学生自主学习、激发学生做好课堂笔记方面运用；有的在课前画图、课后改图、小组讨论、自行总结、分享思路具体问题具体分析等方面运用；还有的在毕业论文中运用，体现为利用思维导图清晰展示研究方向、正确引导学生选题，利用思维导图归纳和整理搜集到的资料、确定毕业论文的逻辑框架，借助思维导图理清思路，展现思维的流畅性等方面。

在“劳动与社会保障法”这门课程上，思维导图的适用包括课前、课上和课后等阶段，通过在不同阶段对思维导图进行合理运用，能够有效提升课堂教学效果。课前备课阶段，教师可以通过思维导图的方式将整门课程的框架了然于胸，同时将重点内容予以重点准备，熟悉的内容简单准备，节约时间，事半功倍。对于学生而言，教师通过发放教学主题和思维导图要求，学生可以自主编制思维导图，并在思维导图中标记尚未解决的疑难问题，提交课堂讨论区，方便进行相互讨论。课堂上，师生共同进行案例分析，加强师生互动，引导学生分析案例，可以在云课堂讨论，师生共同绘制思维导图进行小结，用 XMind 现场绘制，边复习边制作。通过思维导图将各种零散的资源和内容融会贯通，纳入一个体系，使学生在学习中明了全部内容，逻辑清楚，层次分明，促进记忆。课后，教师及时反馈参与情况，学生根据思维导图进行回忆和反思，内化知识，总结课程思维导图分支，进一步升华知识，形成自己的知识体系图谱。

当然，在教学中必须要明确的是思维导图不仅仅是目录导图，而应该重点突出。如果仅仅将教师提供的教学资源进行整合，绘制思维导图时，将教师提供的教材目录进行提取，导致思维导图与教材目录相差无几，文字内容冗长，不仅违背思维导图的作用，同时与教师培养学生逻辑思维能力、分析解决问题能力的培养目标背道而驰，对知识点的整理过于结构化，无法发挥思维导图的工具作用。

（二）将思维导图与线上教学相结合

2020 年新冠爆发以来，传统教学模式受限于不能线下开展的实际，一时间在线教学成为教学常态。因人员隔离导致无法开展线下教学，这就为线上教学提供了良好的发展机会，高等教育也不例外。学生学会在线学习是基本技能，构建常态化的“线上+线下”相结合的教学模式成为高校教师的必然选择。思维导图不仅仅可以线下使用，也能够线上使用，还可以采用线上线下结合的方式使用。“劳动与社会保障法”课程作为法学本科专业的专业核心课程，同样需要充分利用互联网技术和各种网络在线平台开展教学工作。有些情形下，因为部分学生线下上课，部分学生线上上课，从而迫使教学过程不得不同时采用线上线下相结合的教学方式。这种线上线下相结合的常态化教学机制，将线上教育用于日常教学中，有利于推动我国法学高等教育课程改革发展。[①]具体做法有利用 MOOC 学院、腾讯课堂、钉钉课堂、SPOC 小班课堂等网络教学平台进行线上线下相结合的在线教学机制，通过思维导图的方式呈现课程内容，避免了线上教学缺乏总体性印象的缺点，同时针对劳动法内容抽象、难懂的特点，充分利用上述网络平台，运用思维导图的呈现方式，形成总体知识框架。此外，思维导图的教学方式也避免了线上学生对线下教学内容框架不明的弊端，这种线上线下结合的教学模式打破了以知识为主线的传统课程模式，采用“教、学、辩、评”的教学模式开展教学，通过趣味化、生活化的微课和简洁、有趣的动画，明确争议焦点、适用法律条文，使案件更加具体，展现立法原理，引申出法律制度，并合理使用思维导图将所学的内容固化到各自的学习图谱，提升学习效果。在需要开展线上教学的时候，通过思维导图的方式可以将教学重点和难点突出，并给学生提供了整体性、系统化、动态性和趣味化的呈现方式，从而提高学习效率。

---

① 万益：《高校体育课“线上+线下”相结合教学模式探索》，《高教学刊》，2020 第 30 期，第 115-118，122 页。

（三）将思维导图与案例教学相结合

思维导图可以使学生对知识体系形成完整的框架，其中实践性强的知识需要借助案例教学法、肢体语言等教学方式才能使学生充分吃透内容，提高能力，达到理想的教学效果。

“以案释法”式的案例教学是法律课堂上常用的教学方法，它可以帮助学生明确有关概念和原理，培养他们的分析、表达、争辩以及解决问题的能力。案例教学法可以集中学生注意力，在采用思维导图的同时，可以在一些模块中将思维导图与案例教学相结合，把握案例的选择、设计、讨论，提高课堂的趣味性、实用性、实效性。案例可以来自新闻中的热点事件，可以来自教师参与的真实案例、律师事务所的实务、中国裁判文书网的文书、中国司法案例网中的案例查找，并在思维导图中以案例编号的形式予以体现。有些学生关注热点事件，在课堂中展示热点案例进行讨论，有利于渲染课堂积极氛围，吸引学生注意力。也可以从教师与社会实践接触的真实案例中选择案例进行分析，此为第一手材料。当然，不是任何一个案例都值得拿到课堂上进行讨论，教师在选择案例时，应当有所取舍，对于争议焦点一致的案例，可以从中选择一个案例进行分析。对于法条适用明确、无争议的案例，可以简单释明。对于复杂的案例，可以先发给学生提前思考，在上课时可以选派出原告方、被告方、第三人等，教师只做引导式的发言，并将各方发言利用思维导图的形式呈现出来，避免课堂讨论离题，明确争议焦点，调动课堂积极性。由此，通过思维导图的呈现方式，让学生从发散维度明确不同观点和法律实践，领会到法律知识与社会密不可分，法律源于社会，也服务于社会。

结 语

通过运用思维导图的方式开展“劳动与社会保障法”课程教学，有利于学生认知、理解、记忆和掌握专业知识，提升专业技能。但是，此教学方法仍有其不足和局限，在运用的过程中，应克服其不足之处，图示尽量简单明了，逻辑主线清楚，以便学生全面掌握，同时在教学中要注重学生对知识点的理解，并通过相应的案例教学、线上教学将思维导图优势与其他教学方式优势有机结合，充分发挥其作用，最终达成教学目标，实现教学效果。总之，探索将思维导图引入“劳动与社会保障法”课堂教学，既要突出其系统化、动态性、具体化和趣味化的优点，又要结合其他教学方式，避免思维导图的不足，才能更好地实现教学目的，达成教学效果。

参考文献

[1] 常敏. 创新思维工具在法学教学中的应用[J]. 高教学刊，2018（17）：24-26.

[2] 张静. 思维导图辅助经济法课程教学的探索与实践[J]. 商业会计，2019（1）：108-109.

[3] 刘智敏，独知行，于胜文，等. 思维导图方法的教学实践[J]. 测绘科学，2016（9）：186-190.

[4] 王竹萍. 思维导图——高校课程教学创新的有效途径[J]. 黑龙江高教研究，2011（5）：175-176.

[5] 刘密. 思维导图在《针灸学》教学中运用的体会[J]，时珍国医国药，2015（11）：2779-2780.

[6] 刘海云，伍庆华，肖爱娇. 思维导图教学法在高校课堂教学中的应用研究[J]. 中国成人教育，2013（21）：155-156.

[7] 苏晓娟，钱小芳，刘桂华，等. 早产儿医院—社区—家庭联动管理研究[J]. 护理学杂志，2018（5）：1-5.

[8] 常敏. 创新思维工具在法学教学中的应用[J]. 高教学刊，2018（17）：24-26.

[9] 李素蕾. 基于思维导图促进学生自主学习的教学设计研究——以工程合同法律制度课程为例[J]. 教育教学论坛，2015（43）：183-184.

[10] 万益. 高校体育课“线上+线下”相结合教学模式探索[J]. 高教学刊，2020（30）：115-118，122.

我国财经法学课程建设及优化研究

◎ 钱颖萍

【摘　要】目前国内财经法学在课程建设方面，已经初步构建出一套具有专业特色的课程体系。但也存在一定的问题，为此应当认真分析财经以及法学学科自身的知识体系，并以此为基础构建课程体系，真正实现知识融合而非课程组合。此外，还可以采用跨学科复合化的集群课程模块体系模式，有效促进有密切相关度的课程之间的整合，以克服交叉学科课程内容系统化较差、结构性不强的缺点。同时财经法学在教学方法上，应更多地注重案例教学和实践教学。

【关键词】课程建设；财经法学；交叉学科

财经法学作为交叉学科，其课程体系的合理设置是培养复合型法律职业人才的关键，虽然各大财经类院校历经几十年的发展，相关的课程建设与发展已初具成效并形成体系，但是仍然存在着同质化、与社会需求脱节等问题。财经法学学科课程体系的建设，是一项复杂的综合性的工程。在课程建设过程中，如何使法学与经济、管理、金融等学科更好地融合，如何将交叉学科的教学思想更好地融入教学活动中，使法学教育不断地适应社会发展的需要，仍然是亟待探索与研究的问题。

作者简介：钱颖萍，女，重庆工商大学法学与社会学学院副教授。

一、财经法学课程建设的发展与现实需求

（一）财经法学的产生与发展

20世纪80年代，随着我国社会主义市场经济的发展以及经济体制改革的深化，高等法学教育中财经类院校的法学教育异军突起，逐渐形成了有别于专业性政法院校以及综合性大学中法学专业的独特办学思想和办学特色，在课程设置以及人才培养的规格以及理念、教材编写及其使用等方面，都有别于培养司法专业人才以及培养理论型专业人才的高等法学教育，这些特色都标志着财经法学教育的形成。可以说财经法学教育是在我国一些高校的法学专业顺应现代经济转型市场需求而逐步形成和发展起来的。我国在发展社会主义市场经济的进程中，需要相应的市场经济法律体系的建设与保驾护航，在这个过程中，如果没有一批精通法律，熟悉市场经济法律专业知识的财经类法律人才，市场经济是不可能顺利发展的。正是基于这样的认识，财经类院校纷纷发展起了自己的法学专业，很多财经院校其法学教育发展一开始就被定位为财经法学的交叉学科。例如，1995 年全国八所财经类院校共同探讨财经法学教育发展，就将财经法学定位为主要是以民商事法律为基础，以财税金融法学为支架，以财经领域商事交往关系和经济管理关系为研究对象的部门法学体系。在此基础上组织编写了财经法学系列教材，有20余种，这标志着对财经法学教育形成了一种共识，并且为其发展迈出了实质性的一步。①

但是随着法学专业教育规模不断扩大，一方面大部分高校的法学专业课程设置雷同，人才培养也出现同质化倾向，使财经法学没有精准的特色定位，另一方面，市场对法学人才的需求不断提出了更高的要求。因此，全国财经类高校法学院系就如何提升人才培养质量，寻求自身特色，开始重新调整自身的人才培养目标定位。2007 年，中央财经大学启动“法律之星人才培养工程”，全面改革教育培养机制，探索财经法律人才培养规律；2009 年，浙江

① 王小萍：《论财经法学教育的特色》，《山西财经大学学报（高等教育版）》，2012年第3期，第16页。

工商大学创立教育部执业技能法律人才培养模式创新实验区；2011 年是法学人才培养的重要分水岭，教育部提出卓越法律人才教育培养计划，强调要加大应用型、复合型法律人才的培养力度。由此，财经法学的课程建设与发展更加契合社会需求，例如，江西财经大学法学设立会计法务专业，培养“信、敏、廉、毅”素质的创业服务型人才；2012 年，中南财经政法大学成立“文澜学院”，作为本科创新拔尖人才培养的组织载体，培养卓越法律人才；2012 年，西南财经大学“涉外法律人才教育培养基地”成功入选四川省卓越法律人才教育培养计划项目；2012 年，上海财经大学入选教育部首批卓越法律人才教育培养基地—复合型、应用型法律职业人才培养基地。2014 年 12 月，在北京举行的“新经济跨界谈”上，法学界泰斗、中国政法大学终身教授江平，北京大学国家发展研究院院长姚洋围绕“新经济”“新常态”“跨界融合”等问题进行了深入的多领域跨界融合探讨。[①]在这种大背景下，法学教育界逐步形成共识，认为需要更进一步地考虑社会及市场对于财经法学人才的真正需求，从而重新思考财经法学人才培养的目标定位，并在此基础上调整培养方案，优化课程设置。

（二）财经法学人才的市场需求调查与分析

1.调查的基本信息

为了解社会对财经法学院校培养学生的期待，增强市场对财经法学人才的认识和接纳度，从而为后续的财经法学课程建设提供支撑，2019 重庆工商大学法学院对财经法学融合型人才培养等问题进行了一次市场调查。本次调查主要采用的是问卷调查法。共对 25 个用人单位进行了问卷调查，其中国家机关 2 家，政法类机关 3 家，事业单位 3 家，律师事务所 8 家，银行、证券等金融企业 6 家，其他企业 3 家，各自的比例为 8%、12%、12%、32%、24%、12%。问卷发放的对象是 25 家用人单位的人力资源主管和其他部门主管，共

① 新华网：《多领域专家跨界研讨“新经济”“新常态”》，http://finance.china.cn/roll，2022 年 6 月。

计发放问卷100份，回收问卷100份，筛选出有效问卷96份，问卷有效率为96%。

2.调查结果分析

此次调查结果的人才需求状况如表1所示：

表1 财经法学融合型人才需求状况

表1-a 问题1人才需求情况

问题1：在招聘过程中，您更喜欢哪种类型的人才？	问题选项	专门性人才	复合型人才	都可以
	有效样本数分布（样本总数96人）	18人	54人	24人
	比例	18.75%	56.25%	25%

表1-b 问题2人才需求情况

问题2：贵单位在未来三年是否会招收法学专业毕业生？	问题选项	会	不会	不确定
	有效样本数分布（样本总数96人）	72人	16人	8人
	比例	75%	16.67%	8.33%

表1-c 问题3人才需求情况

问题3：贵单位有招聘法律顾问吗？	问题选项	有	没有
	有效样本数分布（样本总数96人）	68人	28人
	比例	70.83%	29.17%

表1-d 问题4人才需求情况

问题4：您认为财经法学融合型人才是否会受到市场青睐？	问题选项	会	不会	不一定
	有效样本数分布（样本总数96人）	72人	0人	24人
	比例	75%	0%	25%

表 1–e 问题 5 人才需求情况

问题 5：贵单位对财经法学融合型人才的需求如何？	问题选项	非常需要	需要	不确定	不需要
	有效样本数分布（样本总数 96 人）	45 人	36 人	13 人	2
	比例	46.87%	37.5%	13.53%	2.1%

从表 1 可以了解，在“在招聘过程中，您更喜欢哪种类型的人才”这一问题中，有 56.25%的受访单位选择复合型人才，比专门性人才的比例高出 37.5 个百分点，这说明用人单位在用人方面更加注重其综合能力。有 75%的受访者认为他们在未来数年会招聘法学专业毕业生，这说明市场对法学人才的需求仍存在缺口。法律顾问是法学专业毕业生就业的一个重要方向，有超过 70%的单位有招聘法律顾问的意向，这说明法律顾问这一职业有不错的市场。在问到“财经法学融合型人才是否受到青睐”时，有 75%的受访者给予了肯定的回答。在“贵单位对财经法学融合型人才的需求如何”这一问题上，有超过 80%的受访者认为单位“非常需要”或“需要”财经法学融合型人才。问卷同时对“用人单位希望法学毕业生取得哪些证书”这一问题进行了调查，有超过 95%的用人单位希望法学毕业生取得法律职业资格证，有超过 30%的用人单位希望法学毕业生取得注册会计师资格证，有近 50%的用人单位希望法学毕业生取得银行从业资格证或证券从业资格证，这说明目前市场对法学专业学生的要求有所提高，他们希望招聘的是更加全面的财经法学融合型人才。

表 2 用人单位对财经法学融合型人才素质和能力的看重情况

序号	项 目	比例				
		重要	比较重要	一般	较不重要	不重要
1	爱岗敬业	72.8%	21.9%	5.3%	0%	0%

续表

序号	项目	比例				
		重要	比较重要	一般	较不重要	不重要
2	诚实待人、为人友善	65.2%	24.3%	10.5%	0%	0%
3	遵守职业道德规范	78.7%	19.2%	2.1%	0%	0%
4	扎实的法学专业知识	42.8%	41.5%	15.7%	0%	0%
5	具有一定的财经、管理等知识储备	51.5%	32.2%	16.3%	0%	0%
6	实践动手能力	52.6%	34.8%	12.6%	0%	0%
7	外语水平	36.8%	53.5%	9.7%	0%	0%
8	团队合作能力	46.2%	35.8%	18%	0%	0%
9	创新能力	38.1%	46.2%	15.7%	0%	0%
10	知识应用能力	44.5%	36.7%	18.8%	0%	0%

续表

序号	项 目	比例				
		重要	比较重要	一般	较不重要	不重要
11	决策分析能力	35.7%	45.8%	18.5%	0%	0%
12	解决问题的能力	48.2%	35.7%	16.1%	0%	0%

了解用人单位对财经法学人才各项能力和素质的需求，有利于高校有针对性地进行法学人才培养，市场和用人单位最看重的素质和能力是高校重点培养的目标。从表 2 中可以看出，用人单位对财经法学人才素质和能力的要求较高，对财经法学人才重要的素质和能力主要有“爱岗敬业”“诚实待人、为人友善”“遵守职业道德规范”“扎实的法学专业知识”“具有一定的财经、管理等知识储备”“实践动手能力”“团队合作能力”“知识应用能力”和“解决问题的能力”。而对财经法学人才比较重要的素质和能力主要有“外语水平”“创新能力”以及“决策分析能力”。有的放矢地对财经法学人才进行培养，对市场注重的素质和能力进行梯度训练，才能培养出市场需要、用人单位青睐的财经法学人才。

（三）财经法学的课程建设与发展需要顺应社会需求

法学本科教育培养出来“法学院毕业生”并不意味着就是社会实践中所需要的“法律人才”，为了避免法律人才培养与社会需求严重脱节，专业性政法大学、综合性大学法学院、财经类大学法学院、理工类大学法学院、独立学院的法学院对法学专业的定位和培养标准不能简单雷同，而应根据自身的优势明确人才培养目标的定位，制定差异化的培养方案并在此基础上进行相应的课程设置。这样，才能满足社会对法律人才不同层次的需求，加快实现由法科毕业生向法律人才的转变。首先，不同类型的学校要正确定位和区分培养目标，财经类高校法学专业培养目标的定位应该与专业性政法大学、综合性大学以及理工类大学有所不同。其次，打造多样化的特色方案以及课程设置，财经类高校法学院系只有结合自身的特长和优势实施差异化的培养方案，才能真正培养出契合市场需求的融合型人才。

财经法学教育人才培养的目标是除了精通法学理论和法学基础知识，熟悉市场经济法律专业知识，同时还要掌握经济学、管理学、会计、金融等专业知识的应用型法律人才。其主要特色在于经济与法律的结合，能够熟练地处理各种经济法律事务。其毕业生的主要去向是律师事务所、公司、企事业单位等从事财经法律实务方面的工作。之所以确定这样的财经法学教育人才培养目标，首要原因是目前一般法律人才的需求已趋于饱和，法科毕业生就业难已经是不争的事实，但是能够满足市场需求的经济法律人才却很稀缺，现实中经常无奈地发现传统法学教育模式下培养的毕业生虽然具有较好的法学理论知识与运用法律的能力，但是面对诸多的财政金融等法律事务却一知半解。受过良好教育法律院校出身的执业律师，却往往不能独立应对会计、税务乃至票据等业务，在如何查账、如何合理避税、如何运用票据手段进行融资等方面，由于缺乏经济管理以及金融等方面的专业知识，常常无从下手。因此必须培养财经法律专业人才以适应我国市场经济发展的需求以及经济全球化发展的需要。财经类院校的法学教育，与一些专业的政法类院校相比，在法学理论研究以及传统部门法的研究方面，可能会处于劣势，但却具有得天独厚的经济学、管理学、财税、金融等学科的教育优势。[①]这些为财经法学的教学和研究提供了良好的基础条件，法学与这些学科相互渗透，相互融合发展，使得财经法学具有了传统法学学科不可比拟的多源性和交叉性的优势。因此，在财经法学课程建设方面也应当突出交叉学科的优势，顺应复合型人才培养的需要。

---

① 王小萍：《论财经法学教育的特色》，《山西财经大学学报（高等教育版）》，2012年第3期，第17页。

二、我国高校财经法学课程建设的现状及存在的问题分析

（一）高校财经法学课程开设现状

目前国内财经法学在课程建设方面，经过多年的摸索与发展，已经初步构建出一套既注重专业基础，又具有一定的财经特色的课程体系。根据课程的功能，课程内容可分为通识、专业、素质教育三大课程模块。与一般的专业性政法院校和综合性大学的法学教育相比，财经类院校的法学课程结构体系除了具有与它们的共性之外，又具有着自身的特点。通识教育模块是由基础课与实践环节为主的必修课组成，主要使学生获得基本理论和基本技能的训练，这个环节中财经法学一般会单独设置马克思主义政治经济学原理，突出了这门课程对于后续财经类课程的基础地位。另外在自然科学的基础课当中增加了微积分课程，大多数的法学专业是不会开设数学课程的，财经法学课程中增加了这门课是为了加强法学专业学生的自然科学基础知识，适应财经法学专门人才培养的需求。专业教育模块由不同专业要求的必修课以及必选课组成，主要是使学生获得专业基础知识；从各财经类院校来看，专业教育模块都大同小异，一般以国家规定的 16 门核心课程为主要内容的专业课程。只是为了突出财经特色的专业课程，一般会侧重于经济法方向、民商法方向以及金融法方向的课程。素质教育模块则重在扩大学生的知识面，发展学生的个性，主要由大量的选修课与跨学科课程组成。一般来说包括会计学、统计学、管理学、西方经济学、货币银行学、财政学等学科。这样的课程设置，很明显是突出了对财经法学专业学生在经济学和管理学方面的市场经济的需求，体现了在人文学科方面专业知识的倾向性。

以重庆工商大学为例，在法学本科专业的课程体系设置上，我们遵循了“三个有利于”和“三个强化”的原则，即有利于加强法学基础教育，有利于拓宽学生的知识领域，有利于培养学生的实际工作能力；融传授知识、培养能力、提高素质于一体，强化法学与经管学科之间的相互支撑和相互交叉渗透，强化学生自主选择的空间，强化实践教学环节。

在通识教育课程模块中，除了公共基础课模块外，另外一个模块就是设立全校性的通识课，由学校统一开设，学生必须修满 9 个学分。法学专业的

学生必须修满 5 个学分的经济、管理类课程，4 个学分的自然科学类课程，经济、管理类的课程有几十门，学生可以自主充分地选择。在专业基础课模块中以法学专业 16 门核心课为主，而在专业方向共同选修课模块中除了开设体现专业特点的法学课程以外，还设置了若干经管类课程供学生选择，包括西方经济学、司法会计学、市场营销学、管理学等课程。在民商法、经济法专业方向选修课中也突出了财经特点。比如，在民商法方面开设了票据法、证券法、担保法、保险法、房地产法、电子商务法、国际商法、知识产权管理、民商法案例评析等课程。在经济法方向开设了劳动法、税法、社会保障法、产品质量法、竞争法、法律的经济分析、经济法案例评析等课程。

同时重庆工商大学还曾经开展第二学位班的试点，即“法学专业+会计、金融第二学位”。为了使法学专业的学生具备财经方面的知识和实践技能，会计学院和财政金融学院开办了第二学位班的试点，招收的学生主要是法学专业和其他专业的学生，学制两年。由于设置的招收门槛比较高，第二学位班的学生都是其自身专业中的佼佼者，他们学习目标明确，有学习的动力、热情和积极性，通过两年的学习，使学生在法学专业背景下熟悉经济、管理类知识和实践技能，这种不同专业知识的渗透和融合，有利于学生综合能力的提高。

（二）高校财经法学课程存在的主要问题

1.财经类课程设置难以真正体现财经法学特色

这一问题突出表现在财经类课程的科目内容安排、总学分和总课时及其比例上。以国内财经院校为例，中央财经大学财经类课程的开设比例较高，接近于 25%，而其他财经类院校的财经类课程开设比例都较低。[①]重庆工商大学将会计学、管理学、西方经济学等作为选修课，其课程仅占总学时的 5.8%。东北财经大学把基础会计学、统计学、管理学、西方经济学、货币银行学、财政学作为必修课，共 14 个学分，224 学时，占总学时的 8.89%；山西财经大学开设了会计学、管理学、财政学、国际贸易与务实、证券与期货、经济

① 蒋悟真、杨浩楠：《财经院校卓越法律人才培养问题初探——以江西财经大学为例》，《中国大学教学》，2012 年第 5 期，第 22 页。

学、货币银行学、市场营销学为选修课，共 12 个学分，192 个学时，占总学时的 7.64%；江西财经大学开设了会计学、管理学原理、货币银行学为任意性选修课；中央财经大学把西方经济学和微积分作为必修课，共 12 个学分，会计学、货币银行学、资产评估、企业管理、信托与租赁、国际贸易务实为限制性选修课，共 8 个学分，财经类课程总学分为 20 个学分，占总学分的 14.28%。①上述财经类高校课程设置情况反映出以下几个问题：

首先，财经类院校对财经类课程的重视程度不相同。由于缺乏系统科学的学科论证，体现财经法学特色的财经类课程的设置比较混乱，没有一个科学的、统一的财经类课程类别划分。各学校虽有财经类课程的概念，但课程类别各不相同，有的为必修课、有的为选修或任意选修课，还有的为必修与选修相结合。已经开设的财经类课程也往往是参考其他财经类院校，没有结合自身的特色优势进行可行性分析，致使专业优势与特色难以发挥。

其次，财经类课程内容所占学分或课时的比重总体偏轻，财经类的核心课程如宏观经济学、微观经济学、管理学、财政学等学科一般都没有被纳入学科基础必修课程。财经类课程也没有做到与法学专业的深度融合与衔接。比如经济学课程的开设没有顾及法学教育对于经济学理论的需求，经济学教师在授课时也不会过多地考虑到法学教育的需要。这种现状就会导致经济学的学习与法学的学习脱节，学生不会结合经济学的相关原理对法律制度或现象进行分析与研究。

最后，财经类课程在教学时间的安排上随意性较大，财经类的核心课程往往开设时间较晚，多数院校在本科阶段的第三学期才开始安排此类课程。财经类课程没有结合相应的法学课程开设，其课程的开设不同步且时间间隔过长，无法保证法学与财经学科知识的衔接和融合。

2.实践教学课程较少，形式主义严重，特别是以财经法学为内容的实践教学或实习活动尤为缺乏

首先，与法律有关的实践课程学分比重偏低：重庆工商大学为 20 个学分，

① 蒋悟真：《财经法学培养目标与课程设置改革互动探讨》，《中国大学教学》，2018 年第 11 期，第 68 页。

占总学分的 10.6%，山西财经大学为 20 个学分，占总学分的 10.75% ；江西财经大学为 19 个学分，占总学分的 10.55%；中央财经大学为 13 个学分，占总学分的 7.69%。[①]法学是一门实践课程，注重实践教学是应有之义，法学实践教学的目的正是将理论与实践结合，而如此低的学分比重无法真正体现实践教学在法学教学的地位与作用；其次，缺乏以财经法学为内容的专项实践教学活动。财经类院校的实践教学基本上集中在法学核心课程内容上，而作为财经法学特色课程的实践教学只是零散地出现在相关学科的课堂教学中，也没有实践学分的要求；再次，作为实践环节最重要的部分——毕业实习，缺乏有针对性的安排与引导。根据以往的就业情况，财经院校的法学本科生，其主要的就业方向并非在公、检、法等司法、行政部门，而是在企事业单位以及律师事务所，因此在毕业实习的安排上也应当有别于其他高校，更多地安排学生在律所以及法务等岗位实习。

三、财经法学课程建设的完善

财经法学融合的课程建设属于多个学科的交叉融合，学科知识内容、结构等基本元素都发生了变化。[②]交叉学科不能简单地看成是法学与经济学等多个学科的简单相加，由于各个基础学科分别存在各自的教学结构，叠加在一起时层次结构不易确定，因此学科课程整合是交叉学科的教学需求。[③]如果设计课程体系时，只是把几个相关专业的课程进行简单的组合叠加，简单地用其他现存的课程来重组课程体系，这样设置出来的课程既无交叉融合特色，同时知识融合度也低。因此，应当认真分析财经以及法学学科自身的知识体系，并以此为基础构建课程及课程体系，真正实现知识融合而非课程组合。

---

① 蒋悟真：《财经法学培养目标与课程设置改革互动探讨》，《中国大学教学》，2018 年第 11 期，第 68 页。

② 郑文涛：《高等学校交叉学科建设：现实困境与对策选择》，《社会科学管理与评论》，2009 年第 2 期，第 20-25 页。

③ 高鹏飞、李知闻、张彦通：《英国大学交叉学科建设》，《现代教育管理》，2013 年第 12 期，第 116-119 页。

此外，还可以采用跨学科复合化的集群式课程模块体系模式，有效促进有密切相关度的课程之间的整合，以克服交叉学科课程内容系统化较差、结构性不强的缺点。

（一）课程建设的改革建议

《国家中长期教育改革和发展规划纲要（2010—2020 年）》中提出，高等教育要“优化结构办出特色……重点扩大应用型、复合型、技能型人才培养规模……引导高校合理定位，克服同质化倾向，形成各自的办学理念和风格，在不同层次、不同领域办出特色，争创一流”。特色办学既是社会发展的要求，也是高校的核心竞争力的体现。基于财经特色应用型法学人才培养的要求，大多数财经类法学院校都存在课程设置不合理的问题，主要表现在财经方面的课程少，没有有效地利用财经院校的财经方面的优势资源，导致培养出来的学生同质化严重。因此，应从整体上改革课程设置体系并突出财经类特色。开设西方经济学、管理学、财政学、会计学、统计学等基础性财经管理类课程。并且在课程体系中的比例应当适度，除了必修的经管、金融类课程外，可以通过选修或者辅修的方式，针对学生的不同情况，鼓励学有余力的学生对财经类课程进行深入学习，真正使得财经学院的优势教学资源得到利用，避免同质化现象，增强就业的竞争力。法学专业课程较多，除了专业课程外，公共课在课程设置中所占比例也较高。因此，在学习公共课、法学专业课程的同时，又要涉猎财经类课程，就需要合理安排法学专业课程与财经类课程的比例，可以适当缩减法学专业课程时间，比如，行政法、法制史等课程的课时可以适当缩减，让学生有更多的时间投入到财经类课程的学习中。同时，可以缩减公共课课时比例以及法学理论课时所占比例，一直以来我国财经法学教育的法学类课程中，法律理论课程占的份额最大，而实务课程相对较少，建议开设民商事疑难案例分析、经济法疑难案例分析、非诉法律实务等实践类课程。

（二）增加财经类实践课程的课时

按照《教育部等部门关于进一步加强高校实践育人工作的若干意见》，应确保人文社会科学类本科专业不少于总学分（学时）的 15%。但实际情况是实践教学并未得到普及，甚至流于形式。而纵观世界，大多数国家都要求法学毕业生应接受一定时间的职业培训。比如英国要求高中毕业即直接接受法学教育的本科毕业生，必须接受 1 年的职业培训课程和 1~2 年的专业实习才能执业。而美国学生在接受法学教育前，还需要取得其他专业的学士学位，美国大学教育分为职业教育和非职业教育，法学专业是典型的职业教育。在德国的法学教育可以划分为大学学习和见习服务两个阶段，只有在大学完成法学学习并通过第一次国家考试，然后完成见习服务并通过第二次国家考试，才能取得法官资格。这三种培养模式虽然各有不同，但是都强调法学学生的实践能力。①目前我国的法学教育虽然没有完全采纳这些国家的经验，但是从 2018 年实施的国家统一法律职业资格考试显然结合了我国的实际情况，更注重考查考生解决现实纠纷的能力，因此实践教学应当切实落实到课堂教学中。同时财经法学在教学方法上，应更多地注重案例教学和实践教学。在案例教学方面，主要应当选择在市场经济活动当中的典型性案例进行分析。即通过案例分析认识和运用财经类的法律知识，熟悉市场经济中财经法律问题的解决路径。在实践教学环节中，无论是实践课程，还是毕业生的实习，都应当强调从市场经济的法律实务出发来培养学生的分析问题、解决问题的能力。与其他的法学院校实习单位主要选择法院、检察院不同的是，财经类法学的实习主要应当让学生到公司以及企事业单位当中去直接参加商务谈判、纳税登记、财务审计、公司并购等一系列的经济法律活动，培养学生处理财经法律事务的能力。

① 林俏：《财经类应用型法学人才培养的创新研究》，《辽宁省高等教育学会 2017 年学术年会优秀论文二等奖论文集》，2018 年 4 月。

参考文献

[1] 王小萍.论财经法学教育的特色[J]. 山西财经大学学报(高等教育版),2012（3）：17.

[2] 郑文涛. 高等学校交叉学科建设：现实困境与对策选择[J]. 社会科学管理与评论，2009（2）：20-25.

[3] 多领域专家跨界研讨“新经济”“新常态”[EB/OL].[2022-06].http：//finance.china.cn/roll.

[4] 教育部社会科学司. 新的历史征程——深入推进高校哲学社会科学繁荣发展资料汇编 [M]. 北京：中国人民大学出版社，2012.

[5] 郭国强. 论交叉学科专业教学团队的内涵及建设[J]. 中国大学教育，2013（3）：71-72.

[6] 蒋悟真，杨浩楠：财经院校卓越法律人才培养问题初探——以江西财经大学为例[J]. 中国大学教学，2012（5）：22.

[7] 悟真. 财经法学培养目标与课程设置改革互动探讨[J]. 中国大学教学，2018（11）：68.

[8] 董志峰.“复合型、应用性”法学本科人才培养模式研究[J]. 国家教育行政学院学报，2018（11）：66.

[9] 郑文涛. 高等学校交叉学科建设：现实困境与对策选择[J]. 社会科学管理与评论，2009（2）：20-25.

[10] 高鹏飞,李知闻,张彦通. 英国大学交叉学科建设[J]. 现代教育管理,2013（2）：116-119.

[11] 朱为鸿. 试论当今中国高等教育主导理念的成因[J]. 西南第二民族学院学报（哲学社会科学版），2015（8）：110-115.

[12] 郑文涛. 高等学校交叉学科建设：现实困境与对策选择[J]. 社会科学管理与评论，2009（2）：20-25.

法学专业网络直播教学有效性提升研究

◎ 公 杰

【摘　要】疫情时代，人们的生活方式、工作方式，学校教学模式均出现显著变化，这也使得网络直播教学所具有的教育价值愈发凸显。高校应反思并审视传统法学教学，突破思维定式，引入网络直播教学，适当对课程实践模式展开创新，立足于法学教学所具有的专业性、特殊性开展改革。本文将从多维度探寻高校法学网络直播课程模式，以期提升法学教学效果。

【关键词】法学专业；网络直播教学；高校教育

由于新冠暴发，从而导致全国各类学校不能如期开学，只能通过网络开展教学的情况。由此也促进了广大教育工作者对网络教学的探讨。其中直播教学是疫情期间应用较多的一种教学手段。直播教学是借助于网络硬件与软件平台进行实时教学的过程，这种教学方式打破了传统的空间限制，使学生和教师可以在不同的地理位置进入网络教室开展学习。同时，直播教学中还可应用丰富的教学资源，如视频、图片、PPT、动画等，使得教学内容呈现方式更丰富。现阶段，国内拥有诸多网络教学软件，但仅有部分教师能熟练运

作者简介：公杰，男（1987—），重庆工商大学法学与社会学学院教师、讲师，法学博士，主要从事法学课程教学研究。

基金项目：重庆工商大学校级教改项目“直播课堂教学模式在法学专业课程教学中的实践与探索”，课题编号：2020310。

用网络直播教学模式。新时期的多重影响共同扩充网络直播资源，这就要求教师应思索如何合理设置网络课程，结合法学课程特征优化网络直播教学模式。基于此，围绕网络直播教学进行深入探究具有重要意义。

一、网络直播教学现状

互联网时代是数字化、电子化、信息化和虚拟化的现代信息科技时代，它改变着多种行业、领域和职业的原有存在方式和运行方式，也推动着多种教育学习的新方式、新方法、新路径和新工具的诞生和创新，为新时代的法学教育提供了高效、快捷、便利的学习平台、学习路径和学习方法。慕课（MOOC）、钉钉授课、微信讲学、腾讯视频学习、zoom 在线教学和哔哩哔哩（bilibili）等软件，让法学教育的知识讲授、课堂讨论和课后答疑等教学环节不约而同地换上了数字信息化的新装和互联网的外衣。同时也暴露出法学专业网络直播教学的诸多不足，显示出了法学专业网络直播教学的机遇与挑战。

新冠疫情暴发后，全国启动重大突发公共卫生事件一级响应，各高校延期开学。在这种背景下，教育部印发《关于在疫情防控期间做好普通高等学校在线教学组织与管理工作的指导意见》[①]（以下简称《指导意见》），要求各高校要充分利用优质线上教学资源和平台，积极开展特殊时期的线上授课和线上学习，确保疫情防控期间“线上线下同质”，实现“停课不停教、停课不停学”。《指导意见》明确提出 9 项工作任务。一是面向全国高校免费开放全部优质在线课程和虚拟仿真实验教学资源。二是立即制定疫情防控期间在线教学实施方案，提高教学效率、保证教学质量、完成教学任务。三是保证在线学习与线下课堂教学质量实质等效。四是发挥“国家精品在线开放课程”示范引领作用。五是全天候开放国家虚拟仿真实验教学项目共享平台，免费提供 2000 余门虚拟仿真实验课程资源。六是倡导社会力量举办的在

① 教育部：《关于在疫情防控期间做好普通高等学校在线教学组织与管理工作的指导意见》，http://www.moe.gov.cn，2020 年 2 月 5 日。

线课程平台免费提供优质课程资源。七是继续组织在线教育机构研发多样化在线教学解决方案，为高校选择资源和技术服务提供便利。八是发挥专家组织指导、整合、协调作用。九是加强疫情防控知识宣传。各高校线上教学模式授课成为主流，疫情既加速了高校广泛采用线上教学的进程，也改变了高等教育形态，但在进行如此大规模的线上教学实践过程中，存在许多机遇与挑战。

从新冠疫情暴发至今，教育部组织了22个在线课程平台制定了多样化在线教学解决方案，免费开放包括1291门国家精品在线开放课程和401门国家虚拟仿真实验课程在内的在线课程2.4万余门，覆盖了本科12个学科门类、专科高职18个专业大类，供高校选择使用。22个平台分别为：爱课程（中国大学MOOC）、学堂在线、智慧树网、学银在线、超星尔雅网络通识课平台、人卫慕课、优课联盟、好大学在线、融优学堂、华文慕课、中国高校外语慕课平台、高校邦、优学院、人民网公开课、智慧职教、高校一体化教学平台、正保云课堂、浙江省高等学校在线开放课程共享平台、安徽省网络课程学习中心平台、重庆高校在线开放课程平台、实验空间——国家虚拟仿真实验教学项目共享平台、EduCoder在线实践教学平台。①

当前，国家职能部门正充分重视网络教育的优势，积极建设一流学科、一流大学，促进高等教育内涵发展、教育脱贫、知识普及、文化自信增强。从某种意义上而言，网络直播是教学教育与互联网相互融合的直接产物，其已被广泛应用，而社会也积累了相对多元的网络教学经验。但是，国内高校却未能充分普及网络直播教学，其原因或许在于公办教育拥有更为充沛的教学资源。在新时期，高校已逐渐意识到在线教学的重要性，有意识地发挥网络直播教学所蕴含的天然优势。值得注意的是，高校也应正确认识网络教学所具有的知识传播形式、知识传播载体的特征，正确看待网络直播教学所蕴含的价值，不可对网络直播教学的教学辅助价值过分夸大，避免其影响正常的课堂教学模式。

① 中国社会科学网：《在线课程平台推动在线教育十年发展的研究与展望》，http://www.cssn.cn/jyx/202302/t20230224_5598653.shtml，2023年2月24日。

二、发挥网络直播教学优势

（一）将“多对多”讨论融入传统教学模式

相比于其他学科，法学教育同样需重点解决教学方法、教学目标、教育内容等基础问题。当前，国内已拥有超过 600 家的法学院，已培养的法学本科生远超 30 万，法学硕士生超过 50 万，博士生超过 3 万人。换言之，从上述的数据中可以发现，国内的法学高等教育已渐渐脱离精英模式。学科发展会提高教学质量，而教学质量的提高也必然会更新教育理念。当前，中国已形成独具特色的法学教学模式与理论基础。国内部分法学毕业本科生未能从事相关专业，即便其从事法律职业，相关实际工作内容与本科所学知识存在巨大脱节。①

部分教育学者认为，传统教学模式的一对多，即学生听课、教师上课的授课模式依然延续于国内高校。②上述传统模式仍然在整体的教学体系中占据主流，这也意味着传统模式在网络直播体系中不具有显著教育价值。在网络直播教学中，教师可适时地对传统模式进行调整，适当降低单向讲授所占课时比例，确保开放型教学可与传统教学慢慢地平分秋色。在围绕法学知识开展网络直播教学时，若教师依然坚持面授方式，则不利于保障学生与教师之间的互动性，很容易影响课堂气氛，让学生开小差。上述问题的核心原因是基于网络直播模式，教师难以顾及班内全体学生，无法了解学生反应。鉴于上述诸多要素，教师应优选合理方式匹配法学网络直播教学。在直播活动中，教师可组织学生围绕专业问题展开充分讨论，鼓励学生将见解填入聊天工具。这有助于缓解面授所引发的网络直播弊端，促进学生积极思考。在此基础上，教育工作者也应积极探寻法学课程与网络教学的共性特征，将面授教学与座谈讨论等方式融入网络教学，逐步摸索出适合于网络直播的教学机制。

---

② 魏双：《疫情下高等教育法学课程信息化建设探索》，《黑龙江高教研究》，2020 年第 11 期，第 148–152 页。

③ 洪浩：《化危为机：疫情中的网课与法学教育创新创业的发展》，https://www.whu.edu.cn，2020 年 3 月 10 日。

（二）科学创建网络直播课堂

在新时代，法治人才培养始终坚持德法兼修，突破实践教育与知识教育间的壁垒。这意味着法学教育应将法学人才培养、德法兼修、立德树人作为核心教学目标。高校教职人员深入思考法律人才、法学人才、法治人才、法制人才的不同点。在开展网络直播教学时，教师也要立足于上述基本概念，明确教学侧重点。其中，法学人才是指对法学理论进行专门研究的人员，其通常出现在相对完善的法律制度发展阶段。法律人才是指可灵活运用法律机制并熟练掌握法律条例的专业人员，如公证员、检察官、法官、律师等。在新时代，结合法治建设的背景与客观目标，法治人才需了解具体法律法规，也应掌握法学理论，合理运用法律相关知识，开展各种相关工作。

在开展法律网络直播教学时，教师应注重知识传授、能力培养、价值塑造的立体化教育理念，向社会输送合格人才。在设置网络直播课程时，教师还应将助力学生学习、方便学生理解作为核心。大量调查研究表明，案例教学受到近九成大学生欢迎。针对法条教学、理论知识教学、案例教学开展调查时，近 90%学生更倾向于案例教学。[①]例如，罗翔老师在网络上的大获成功也表现出案例教学所具有的独特魅力。简而言之，通过科学设计案例教学课程，注意讲解其所蕴含的法条法理，有助于学生研判与分析审判结果，从中汲取法治追求、法律能力，进而围绕法治形成价值共识。

三、选择合适的网络直播教学路径

（一）应用平台进行课件的直播讲解

当前很多数字化平台都提供课件直播讲解功能。数字化学习平台是属于数字学习的一种，所谓数字学习就是由网络和计算机科技的各项应用发展而产生的学习方式，学生皆通过计算机，使用各种多媒体交互式的软件接受教

① 王俊虎：《疫情防控时期高校本科线上教学工作的思考与探索》，《华北理工大学学报（社会科学版）》，2020 年第 3 期，第 17−22 页。

学。利用这些数字化平台，教师可以选择所要讲授的课件，并针对课件进行讲解。学生看到的是课件，听到的是教师的即时讲解，通常适用于理论课程教学。例如，智慧树、蓝墨云班课等。以蓝墨云班课为例，其具体的使用方法包括以下几方面内容：创建云班课、教学资源建设与应用、开展教学。其中创建云班课即在蓝墨云班课平台创建软件技术专业系列实训课程对应云班，邀请学生下载客户端并加入班级课程当中。教学资源建设与应用即在课程开始之前将课程等资源上传到云班课平台当中。开展教学即通过云班课实施直播课件教学。PPT 直播画面一般会涉及几个板块：讲师直播视频画面板块、PPT 展示画面板块、学生提问与聊天板块，这几个板块是 PPT 直播教学必备的板块。直播画面在学生观看端可以与 PPT 展示的画面进行切换，学生可以自主选择主要的观看画面。PPT 展示的画面板块是讲师主要的教学内容部分，可以说是网络教学直播的重心。因此，PPT 展示的画面，不能仅展示内容，同时该板块还应具有画笔、文字等编辑功能，可以实现对 PPT 进行重点圈画等功能，或者在 PPT 板块可以新建一个空白的板块进行讲解，类似传统线下教育的黑板讲解。此外，PPT 的展示画面，还应该具有场景切换功能，方便讲师给学生进行相关知识点的视频观看，而不仅是观看 PPT 文档，这容易让学生失去观看兴趣。学生提问和聊天板块是学生及时反映问题的板块。讲师在进行直播教学的时候，可以增加一位教学直播助手，帮助讲师及时回答学生的问题，进行更高效的课堂教授。同时，提问和聊天板块可以增加学生之间的互动。除了上面提到的板块，教学网络直播还应该具备与学生视频连麦的功能，让学生可以和讲师面对面地交流，提高沟通质量；还应该具备签到、答题卡提问、问卷反馈等功能，对学生的学习情况进行大数据的统计和反馈，便于教师进行针对性的辅导教学。①

① 汪卓群、陈舒萍：《互联网时代大学生碎片化阅读的弊端与对策研究》，《北京教育（高教）》，2020 年第 5 期，第 61—63 页。

（二）运用平台进行屏幕的直播讲解

对于部分实践操作性比较强的课程，例如计算机编程课程，如果只是单单通过 PPT 页面来直播，那么无异于纸上谈兵。因此可以采用屏幕直播讲解的方式，即让学生看到教师所操作的屏幕。这样可以跟随教师一同进行基于计算机的实践性强的知识学习。例如，Go MeetNow 平台、QQ 群课堂中的屏幕直播等功能。通过直播屏幕进行授课的模式特别适用于计算机操作相关课程，在实践中应有效利用，但其局限性是学生如通过手机进行观看，则难以看清楚屏幕内容，必须使用个人计算机进行观看，授课前需提醒学生。①

（三）运用平台配合慕课的直播讲解

教师开发了部分课程的慕课资源，学生可以随时随地进行学习，但是学习当中会遇到这样或那样的问题，需要教师定期进行讲解。此时适合运用平台配合慕课的直接讲解，即学生可以从慕课平台直接获取学习资源，直播课程只针对问题进行讲解。这样操作可以有效应对慕课平台拥堵、响应慢、故障多的问题。可以选用钉钉、腾讯课堂、QQ 群课堂等后台服务器更强大的直播平台。

（四）运用平台进行直播讲解

在课程教学中，教师不再只呈现声音，而是直接出现在屏幕当中进行讲解与实践操作，这样可以让学生不仅看到课件，还能看到教师的面部表情。尤其适用于实践课程，比如机械维修等课程，教师可以在实操实验室搭建远程监控摄像头，针对具体操作内容进行实时直播操作讲解，让学生更直观地看到教师的操作过程。

---

① 王渊、吴双全：《“互联网+”时代法学教育变革研究》，《高教探索》，2019 年第 7 期，第 38-43 页。

（五）运用平台进行在线非标准化考试

作为法学专业直播教学，原本部分课程要求学生必须到校参加集中考试，使得学生不得不赶往学校，费时费力，学生缺考现象严重。在直播教学模式下，可以实现基于网络直播的“云考试”。常见模式包括“云答辩”“云答卷”。一是“云答辩”直播考试模式：当考试模式设定为答辩模式时，可以使用如腾讯会议等平台，师生进入直播平台中，由主持人主持会议，学生与教师在平台上通过直播模式，进行实时答辩。二是“云答卷”直播考试模式：通过技术设置，当学生需要参加在线理论、实践考试时，可以通过直播模式实现。具体实现模式可以是师生进入考试平台，监考教师获取远程监控屏幕权限进行监考，监考老师可以实时观察答题者的相关操作是否违规，学生退出考试平台会有提示传送至监考端。同时，还可以实现三摄像头全方面监考，即屏幕操作监控、电脑摄像头开启监控考试者正面操作场景、手机摄像头开启监控考试屏幕与周围场景。此种云考试模式，可以有效避免考试作弊等现象，在重要考试、竞赛中可以使用。

四、建立科学评价体系

（一）突破传统的法学思维定式，优化激励机制与教学评价机制

传统法学教学更注重教师的主体教学地位，仅要求学生配合各项教学工作。上述身份模式难以从源头给予教学方式、教学内容实质性影响。在开展网络直播教学时，部分教师依然沿用一言堂模式，试图复制传统的教学机制。鉴于此，高校教育主管单位应设置多元化的评价机制。高校应多途径给予教学正面评价，将教师思维的自我认知、自我觉醒作为思维转换的突破口。通过促进学生深度融入学习活动，调动其主动性、积极性，促进其全方位参与教学过程。[①]在此基础上，高校主管单位也应设置规章机制，明确学生参与权

① 黄辰：《疫情防控背景下法学高等教育面临的挑战与对策》，《河南教育学院学报（哲学社会科学版）》，2020 年第 5 期，第 68-73 页。

利，优化教学评价机制，以教学实效为主导，创建全新的职称晋升机制。针对网络直播教学，改革过往一刀切的教师评价标准，划分不同阶段的职称评定标准，调动教师的创造性、积极性。①

（二）明确法治人才培养的核心目标，突出实践性的特点

高校应立足于法治人才培养设置培养目标，确保所培养的法治人才具有更强的实践性、适应性。在培养法治人才时，高校应注重提高实践属性。相应地，在创建网络直播课堂时，高校应跟随社会发展，革新教师的知识体系，引导大学生逐渐具备开放式的学科知识体系。②值得注意的是，高校教师也应对自我提出较高要求，努力提高个人专业素养。在此基础上，高校应不断完善师资团队，引入兼职法律人才、专职法学教师；由兼职法律人才负责开展网络实践教学，再由法学理论教师在网络上讲解理论知识，使二者形成优势互补。③

结 语

高校应深刻认识网络直播所蕴含的教学辅助价值。通过将“多对多”讨论融入传统教学模式，科学创建网络直播课堂；突破传统的法学思维定式，优化激励机制与教学评价机制；凸显网络直播课程实践性，有助于增强网络直播与法学课程的融合效果。

---

① 罗元云、杨杏芳：《论信息化时代高等教育的“数字化转型”——兼论从传统大学到“数字化大学”的颠覆性创新何以可能》，《北京教育（高教）》，2020年第8期，第8-14页。

② 王婵、付中强：《重大突发性事件发生后的法学教学“路在何方”——兼论网络直播教学的价值》，《天津市教科院学报》，2020年第3期，第57-61页。

③ 刘满达：《互联网对法学教育的影响——从形式到内容》，《西南政法大学学报》，2006年第6期，第3-10页。

参考文献

[1] 魏双. 疫情下高等教育法学课程信息化建设探索[J]. 黑龙江高教研究，2020（11）：148-152.

[2] 教育部. 关于在疫情防控期间做好普通高等学校在线教学组织与管理工作的指导意见[EB/OL].（2020-02-05）[2020-04-10]. http：//www. moe. gov. cn.

[3] 洪浩. 化危为机：疫情中的网课与法学教育创新创业的发展[EB/OL].（2020-03-10）[2020-04-10].https://www.whu.edu.cn.

[4] 王俊虎. 疫情防控时期高校本科线上教学工作的思考与探索[J]. 华北理工大学学报（社会科学版），2020（3）：17-22.

[5] 汪卓群，陈舒萍. 互联网时代大学生碎片化阅读的弊端与对策研究[J]. 北京教育（高教），2020（5）：61-63.

[6] 王渊，吴双全."互联网+"时代法学教育变革研究[J]. 高教探索，2019（7）：38-43.

[7] 黄辰. 疫情防控背景下法学高等教育面临的挑战与对策[J]. 河南教育学院学报（哲学社会科学版），2020（5）：68-73.

[8] 罗元云，杨杏芳. 论信息化时代高等教育的"数字化转型"——兼论从传统大学到"数字化大学"的颠覆性创新何以可能[J]. 北京教育（高教），2020（8）：8-14.

[9] 王婵，付中强. 重大突发性事件发生后的法学教学"路在何方"——兼论网络直播教学的价值[J]. 天津市教科院学报，2020（3）：57-61.

[10] 刘满达. 互联网对法学教育的影响——从形式到内容[J]. 西南政法大学学报，2006（6）：3-10.

“商标法”网络教学平台构建的理论与实践

◎ 彭 霞

【摘　要】本文基于网络教学平台探讨了“商标法”这门课程传统的教学模式，如何结合网络教学平台进行教学以及笔者在教学中的实践，包括教学模式的选择、教学资料的收集、教学环节的设计、案例的运用等方面，并分析了运营过程中的成就与不足。

【关键词】网络教学平台；主观能动性；辅助教学

一、传统教学模式下的“商标法”课程

“商标法”是知识产权专业的专业核心课程。该课程具有与新技术的发展紧密结合、法律法规更新速度快、司法实践中存在大量的复杂疑难案件的特点。目前，该课程的教学模式还是以讲授为主。在该模式中教师是教学的主体，掌控着学生对专业知识学习的广度、深度和难度，学生常处于上课记笔记、下课背笔记、考试考笔记的被动式学习中，教学效果较为有限。这种模式属于“传递—接受式”的教学模式。该模式源于赫尔巴特的四段教学法，后来由苏联凯洛夫等人进行改造传入我国，以“传统教学模式”的名称成为

作者简介：彭霞，女（1977—），重庆工商大学法学院专职教师，副教授，法学博士，研究方向为知识产权法。

20 世纪教学模式的主导。该模式的基本教学程序是“复习旧课—激发学习动机—讲授新课—巩固练习—检查评价—间隔性复习”。[①]在这种讲授式的教学模式中，学生被动接受教师所传授的知识，教师通常忽视学生的主动性和创造性，这在不同程度上压抑和阻碍了学生创新能力的养成，很难培养出市场经济发展需要的应用型、创造型人才。考核模式僵化和评教方法单一使得教学效果无法及时得到有效反馈，制约着人才培养与教师教学能力的提升。

总体来讲，传统的单一讲授的教学模式不太适合实践性很强的法学学科。暴露的弊端主要有以下几个方面：

第一，以课堂讲授为主要教学手段，不利于调动学生学习的主动性。学生在学习中参与程度低，课程学习停留在“听课”而非“学习”的阶段上，学习的主动性和积极性不强。而商标法的法学理论与立法、执法和司法等法律实践活动密切相关，学生思考问题的能力、分析问题的能力和解决问题能力的提高是法学课程实现人才培养目标的重点所在。而能力的提高，最终依靠的是学生的自我学习和思考。这种培养需要学生自主介入学习和思考的过程，调动自身的积极因素方能实现，传统的以教师为主的教学法很难实现这一目标。

第二，教学内容过分注重书本知识的传授，忽视学生实践能力的培养。传统的法学课程授课方式旨在建立学生精研细读的知识结构模型，片面追求知识点的广度和深度，却往往忽视学生的接受程度。教师在课堂上总是习惯于按照法律制度的基本原理和基本理论来开展授课，常常形成罗列条文、单向灌输法律理论的一块黑板、一根粉笔、一本教材和一本讲稿的单一教学模式，缺乏教与学之间的沟通和交流，学生被弱化为被动的听讲者和接受者。这种方法重视讲授法条背后的原理和理论，却会忽视对于法条的解读和研判，容易与司法实践相脱节，学生无法理论联系实际。

第三，教学信息量大而学时少。一方面，与“商标法”有关的法律法规、

① 马民革：《法学人才培养与刑法教学方法》，《国际关系学院学报》，2006 年第 4 期，第 7 页。

审查标准、司法解释等体系庞杂，司法实践中的典型疑难案件多，教学内容丰富。另一方面学时又被压缩，使得课堂教学时间非常少，教师几乎要用尽每一分钟灌输知识点，没有时间留给学生思考和讨论。

如何不断提高“商标法”课堂教学质量、强化学生的实践技能和自主学习的能力，是教学改革的重要内容。利用现代教育手段与技术，改变传统的、单一的教学方式，建立该课程的网络教学平台，利用网络教学环境促进学生自主学习、加强技能培训、提高学习效果的教学模式是一个有效的尝试。

二、引入网络教学平台对“商标法”课程的好处

网络教学平台是指具有组织、跟踪、评估、发送、呈现、管理学习内容与学习活动，促进学习者之间交互等一系列功能的计算机网络系统。随着信息技术的发展和互联网的普及，网络教学平台在经历了普通的学习资源库、学习管理系统、学习内容管理系统和通用网络教学平台四个发展阶段后，在高等教育现代化进程中发挥了越来越重要的作用。而网络教学平台辅助法学教学是指将网络作为法学教学活动的辅助手段来实现法学教学过程的教学模式。网络教学平台辅助法学教学是总体法学教学环境积极有益的补充部分。

总体来讲，网络教学平台的引入能够很好地克服传统单一教学模式的弊端，与讲授模式相结合展现出教学的优越性。

（一）能够充分调动学生的学习兴趣，提高学生学习的主观能动性

法律是现行的社会行为规范，法学更是一门应用学科，法学课程内容庞杂，博大精深，要掌握法律的根本性问题，绝非轻而易举之功，许多学生反映入门难。借助网络信息平台，利用 “虚拟”的手段，用多媒体的表现方式，将各种知识、活动“真实地”显现出来，使枯燥的法学基本理论、基本规则和法律规范“变得”有血有肉、活灵活现，给学生展现一个丰富多彩的法律知识世界，有助于学生直观感知法律内涵，感悟法律知识，提高学生的学习兴趣，激发学生的学习主动性。网络教学平台还有网络交流、网络作业、网

络法律法规知识考试等多项网络功能，为学生提供了更多种方法检验学习成果，还能与教师就难点热点问题实时展开讨论，从而更加体现了学习的个性化和自主性。

（二）提高学生的法律实践能力，提高教学效果

在我国的传统法学教育中，通常是以传授系统和科学的法律知识为目的，由于过于强调知识的灌输和纯理论的探讨，教学方法上注重书本和课堂理论教学，忽视了对学生分析和处理实际法律案件和纠纷的能力的培养。而利用网络教学平台辅助进行辅助教学，则能较好地培养学生的实践能力。通过实现网上中国法庭、案例讨论、审查合同等活动使学生掌握如何能够使法律文本与社会现实结合的分析方法，得到进行法律分析和运用法律解决实际的问题的机会，以便他们真正地“像律师那样思索”，使其在分析案件事实、收集证据、更好地进行人际交往和沟通、起草法律文书等技能方面的训练得到强化，从而真正地培养学生从事法律职业的能力， 使学生在法律应用的具体实践中学习法律执业技能，提高法律职业意识。①

交互式学习是网络教学的突出特点。网络所提供的交互，除了人机之间的交互外，更重要、更突出的是网络支持下便捷的人与人之间的交互，包括学生与教师之间的交互以及学生之间的交互。一方面，学生与计算机网络的交互可以使学生及时有效地获取教学信息；另一方面，师生间的交互可以使学生及时获得教师的指导，了解自己的进步与不足，并调整自己的学习，从而极大地提高学习的质量和效率。学生与学生的交互是通过计算机网络、协作学习、共同探索来完成的。这种学习方式可以增加学生的团队精神和协作解决问题的能力。②同时学生可以自主安排自己的学习内容和学习进度，集中注意力，主动参与到教学过程中。这种方式改变了以往枯燥的学习模式，在理论课的同时辅以网络教学，学生可随时上网看到课程的学习要求、教学课

① 罗丽琳、王怀勇：《基于网络信息平台辅助法学教学的研究与实践》，《中国成人教育》，2008 年第 3 期，第 134-135 页。

② 王平达、郭惠玲：《搭建网络教学平台 拓展法学课的教学空间》，《边疆经济与文化》，2006 年第 1 期，第 162-163 页。

件、课程录像、教案、复习思考题等优质教学资源，可以随时、反复重现课堂教学的相关内容，同时能促进其在传统教学中的课前预习和课后复习，提高课程的教学效果。同时教师可以通过网络教学平台进行讨论组学习、答疑讨论等多种方式，开展讨论教学、诊所教学等一系列实践性学习，从而弥补传统教学方式方法的不足，提高教学效果。

（三）网络的高时效性加大了法律专业课的信息容量，弥补了课程学时的局限性

一方面，网络教学可以整合现有的教学资源，提供丰富的教学内容。传统法学教学受制于学校的整体教学安排，受到教师人数、教学时数、选课容量乃至教室安排的多方限制，全课教学内容往往不能都在课程教学中体现出来。由于高校普遍师资力量不足，学生规模却日益扩大，法学课程教学势必只能采用授课，甚至是大班授课的方式进行。通过网络教学平台，将全课教学内容、教材、教学课件和教学资料等上传到网络，就可以弥补师资、硬件等教学资源的不足。同时，网络教学平台的学习不受授课时空的限制，学生可以在任何时间上网学习。网络教学平台的学习也不受开班人数的限制，一门课程可以在平台上供更多的学生分享学习，因此可以将专业教师与课外教师授课、网络教学媒介与传统教学媒介、课堂听讲教学模式与法律诊所式教学模式等组合起来，从而将学校现有的教学资源充分整合利用。

另一方面，网络的高时效性使网上信息传播迅速、及时。随着多媒体教学软件的研制开发和推广使用，教师在教学技术和手段上更为先进。把法律专业课中涉及的相关法条、法律文件和配套的法规扫描到课件中，或者给学生提供相关的法律网站，极大地方便了他们对法律条款和法律知识的学习，收到了事半功倍的效果。另外，网络教学精减了许多课堂教学时间，把对比性强的、相互间有关联性的法律知识做成表格，呈现在课件上，一目了然，便于学生直观、形象地理解，减少了大量的板书时间，从而相应地加大了法律专业课的信息容量，为学生创造了更多的自学时间。

三、利用网络教学平台辅助教学的实践

网络教学平台的出现使高校法律专业课的形态从平面走向立体化，从静态变为动态，从现实时空趋向超时空。网络教学平台的搭建，丰富了法律专业课的纵深领域，拓展了法律课的教学空间。教师要有效地利用好网络教学平台并注重自身角色的改变和自身素质的提高。由从前的“传道、授业、解惑”向教学的设计者、实施者、组织者的方向转变。同时，要积极参加学校组织的多媒体技术培训，掌握课件的制作技巧和有关的教育技术理论，以及如何操作和运用网络教学平台，普遍树立新的教育思维模式和创新意识。

在实践中，第一个环节就是要设计好采用的教学模式，其次搜集相关资源制作资源库，再次引导、组织学生运用和实践，最后设计相应的评价考核体系。下面本文就结合“商标法”网络课程平台的建设实践说明相关环节。

（一）教学模式的选择

商标法网络课程主要采取混合式教学模式。以课堂讲授讨论为主，辅助网络平台的资源。混合式教学模式秉承建构主义教育理念，以学生为中心，即知识建构的主动权属于学生，将线下课堂教学和线上网络教学结合起来，既发挥“教师主导、学生中心”课堂教学的优势，又激发学生自主学习的积极性、主动性以及创造性。具体而言，混合式教学充分利用现代网络技术解决了课堂教学时间不足的问题，网络的便捷性和实时性方便师生交流与沟通，学生得以在课外借助网络开展自主学习，比如，学生在讨论区发帖提问，由教师或其他同学解答，师生的线上讨论增强了教学互动性。混合式教学的线上课堂拓展了教学空间，教师可以将课件、教学大纲、教学音视频等资料上传至互联网平台，方便学生随时随地获取、运用学习；线上课堂的讨论模块方便师生快捷交流，有助于教师引导学生熟练掌握学术研究方法和学术规范，帮助学生提高批判性思维能力、创新能力以及自主学习能力。网络教学与课堂教学相结合能够实现全过程教学，提高教学的便捷性和时效性。“学生中

心”是混合式教学的基本原则，教学过程中必须充分发挥学生的主体作用，无论线上或线下课堂，积极有效的师生互动有助于学生产生乐学和主动学的动力，有利于学生培养创新性与批判性思维能力。此外，线上和线下的良性师生互动有助于教师不断调整和优化教学模式，最大限度地满足学生的个性化学习需求。

总之，综合采用线上预习、课堂讲授、课外辅导、学生讨论、课后作业等“线上+课堂”相结合的授课模式，以培养法学知识的分析应用能力为首要任务，其中线上解决的是“懂不懂”的相关章节基本知识点问题，线下解决的是“会不会”的知识理解、运用的问题，以此充分体现“教师为主导、学生为主体”线上线下有机结合的混合式教学特色。

（二）教学资料的搜集与整理

首先广泛搜集与课程相关的资料。如商标法相关的所有法律法规、司法解释等；司法考试习题集；参考书目；相关的网站；根据各教学单元的设置，详细整理课程教学大纲、重点难点、教学讲稿、教学图片、教学录像、典型案例、讨论题及相关视频资料等。并搜集与课程教学内容相关的学术探讨与学科进展的文献资料，以启发学生的思维，培养创新意识。将搜集的资料如教材、讲稿、多媒体课件、案例讨论、练习测试、教学图片、教学视频或动画、课程录像等资源，结合“商标法”教学大纲分类录入数据库，建立教学资源库，为网络教学平台的构建奠定基础，做好准备工作。

（三）教学资源和教学环节的设计

“商标法”课程系统地分为以下资源模块：

1.课程信息

课程信息中包括教师简介的相关视频，教师以视频的方式进行自我介绍；课程简介的视频，用于阐明课程教学目标、课程性质、内容框架、学习要求、学习意义等，激发学生的学习兴趣。此外，还包括教学大纲、教学日历、当期的课表，含周次、日期、节次、地点等信息。学习要求，包括平时成绩、期中成绩、期末成绩等占比，平时成绩的计算依据和标准等。这一部分课程信息能引导学生在上课前自行了解课程基本内容，做到心中有数。

2.课程学习

课程学习包括完整的每一章节的课程教学课件；重难点知识的教学视频；与课程学习相关的拓展的学习资源，包括法律法规、图片、视频、案例题等。此外，该系统还有及时通知学生在上课前预习相关的学习资源的功能，并提供设计好的问卷调查，了解学生的学习需求和学习效果。

3.课程训练

课程训练包括：学习辅导、考核要求及知识要点，课后习题，作业指导等；试题库、汇集各章知识考试模拟试题等。关于常见问题，每一章都有重点的问题，以供学生参考、学习。关于课程作业，在每一章结束之后建立了独立的文件夹，在文件夹里可以直接进行网上编辑，发布新作业，设置样本作业，进行作业分析统计，将作业归档，批阅学生的作业。学生可以直接从网上下载作业，完成作业后上传到教师文件夹中。关于在线自测，在线自测是对当前学习课程进行测试练习的栏目。教师可以进行题库管理和试卷管理。题库管理提供查找、修改、删除、新增试题的功能。学生可以在网上进行自测，网上提交考卷，系统自动判卷，并给出正确答案。学生能反复自测，以巩固所学知识技能。关于答疑讨论，答疑讨论是一个供教师与学生，以及学生与学生之间相互交流的栏目。主要包括以下模块：①在线问答。用户之间在线发送、接收、回复短消息。②课程论坛。课程论坛以 BBS 的方式为教师和学生开辟了讨论空间， 用户可以查阅、编辑、发表、回复文章。③邮件答疑。学生将疑惑的问题以邮件的形式发给教师，与教师之间通过邮件进行交流。另外，课程训练中还有试题库和模拟题方便学生期末复习时自测。整个课程训练贯穿课堂教学的始终，教师会在课堂上提示需要进行的训练，学生课后完成。

4.案例的运用

“商标法”是实践性很强的课程，学生学的理论知识必须与案例相结合进行分析讨论才能提高实际解决问题的能力，因此在教学中要取得好的效果，还必须恰当运用所选案例。而运用案例进行教学，要根据不同内容来决定运用的方法，归纳起来大致有以下四种：第一种方式是简单枚举式。这种方式又可细分为两种。一是抛砖引玉，即把案例作为引子，引出教师要讲授的某一法律问题，给学生留下悬念，然后教师既可以结合案例讲授理论，也可让学生听完教师讲的理论，自己去分析判断案例，教师再作总结。此类案例可以引发学生的学习兴趣。二是利用小案例说明某一问题。在系统讲授了某一法学问题后，举一、二案例，用刚讲过的理论去分析，也可请学生先分析发表意见，教师再作总结。将此类的小案例放于网络平台有利于学生事先的预习和事后的复习。第二种方式是课堂讨论式。这种方式，教师事先布置学生在课前预习教材和相关的法律法规。在课前，教师在网络平台提供详细的案例及其问题，让学生准备书面发言提纲。在课堂上进行讨论，请学生讲述分析，相互提问回答。最后再由教师总结。第三种是研究讨论式。这种方式，事先布置综合性强、争议多、难度大的案例，提供一些背景资料，并指定一些参考文献，让学生课前像法官、律师那样，运用原始资料，结合法学理论、法律原则和规范，去分析研究案例，写出自己的书面报告，在课堂上发表自己的看法。在讨论中不仅教师可以提问学生，也允许学生提问，发表与教师不同的看法，甚至还可与教师进行争论。最后，再由教师进行总结。这三种方式都在课堂上进行讨论，但资源和材料在平台上，需要学生事先预习，节约了很多课堂上的时间，也调动了学生的积极性。第四种是分析案例并写作。这种方式作为课后作业或读书报告呈现，讲完知识点后，教师将案例发布在平台上，每位学生自主在平台上写作分析案例，最后由教师总结。

5.教学考核

针对“商标法”的教学目标和要求，笔者努力探寻更为科学的形成性考核方式，为了确保考核具有信度、效度、合适的难度和区分度，该门课程也进行了考核上的改革——把平时线上和线下学习和实践的考核与期末的考试结合起来综合考评。具体来说，在课程进行过程中，引入动态性常态化考试体系，课前网络预习、课堂讨论发言、课内小作业、专题讨论发表、读书报告等环节均实时记录成绩，在期末结业考试的试题设计中加入论述题、案例分析题等主观题的比例。这样的动态性常态化考评，不仅能杜绝学生考前突击学习、个别学生作弊的应试现象，更有利于引导学生重视日常学习过程，提高综合素养。

四、运用网络教学平台取得的成效与不足

经过两学期的运用，“商标法”这门课程运用网络教学平台取得的效果还是很好的。

首先，借助网络资源完善了学生商标法学理论知识体系。

由于课程内容庞杂，而授课学时有限，教师不可能在课堂上讲授全部法学理论知识，同时也避免对法律常识问题的重复讲授，教师可以在讲授课程前，将一些重要的法学理论、知识产权等学科基础知识做成视频、PPT 等多媒体形式，供学生课前下载预习。在课程的内容中，借助网络教学平台，通过自学完成中国商标法的立法与司法实践的教学任务。

其次，适度使用案例式教学调动了学生积极性和主动性。

“商标法”的重点章节如商标的构成要件，商标的近似、商标的无效、商标的侵权等都是与实践密切联系的，如果运用案例教学法，通过法律条文分析案例，启发学生积极思考，学生在课堂上通过讨论、交流、发言等形式得出结论，课后又讨论分析相关案例，既锻炼了学生的表达能力，巩固了学生的理论知识结构，又可以增强其工作后解决实际商标争议的能力。

再次，通过微视频、微阅读、在线测试等方式扩展学生的阅读资源。

学生在运用网络学习时很容易被大量无关的冗余信息干扰，从而影响对相关有用信息的准确分辨和正确选择，基于此，可以利用网络教学平台将经济法课程内容进行拆解并且多媒体化，通过微视频、微阅读等方式，将课程所需知识点迅速推送给学生，学生通过手机、电脑、iPad 等即时通讯客户端随时随地观看和阅读。通过在线测试的方式，教师可以随时掌握学生的学习

听课情况，据此调整日后的教学计划和实施个别化教学，使教学更有针对性。在课后，教师也可以借助论坛、贴吧等方式进行课后延伸学习。

最后，引入专题讨论激发学生学习主动性。

为了激发学生的学习积极性和主动性，改变学生上课被动学习的情形，在适当章节的教学中引入了专题讨论的形式。笔者事先把专题题目发给学生，让学生在课前查阅大量的资料，做好充分准备。抽部分课时由学生参与授课，进行角色转换，然后课堂讨论、教师点评。学生在准备授课和上台讲课的过程中，能够体味到深深的责任感，同时也强化了对知识的理解，尝到了学习的乐趣。

但是，也存在一些不足。首先，教师花的精力更多了，一门课除了课堂上的 40 分钟以外，课前课后都要花大量精力批改作业、参与讨论、搜集资料、建设平台。学校应出台一些激励措施鼓励教师运用此平台，让教师的付出有所回报。其次，平台上有些设计不是太方便，运用起来不快捷。如课后作业，教师设置的选择题无法预先设置好答案，还要一个一个地批改，太费时，也没有必要，客观题完全可以机器批改，因此一部分作业就是放在自测里的，自测就有自动批改设置答案的程序。又如有视频太长上传不了的情况，有同学还反映存在打不开课件的问题等。

虽然在运行中出现了一些小毛病，但不影响平台发挥对教学的辅助功能。平台的运用是对传统教学的有力补充，通过两种方式结合，各取所长，可以构建更加完善的教学模式。虽然传统教学依然是目前的主流教学模式，但是其传播知识和信息交流的功能是相对薄弱的，而随着我校教学条件和教学设施的不断完善，利用网络教学平台的混合教学模式将得到进一步发展和普及。此外，也要充分调动教师的积极性，重视并持续投入大量的精力和时间，通过影、音、图等多种信息将一些抽象理论形象、具体、生动地表述出来，同时经过不断地补充新知识新进展、开发多功能系统和学生应用实践后的反馈来逐步加强和完善平台建设，才能最终达到提高教学效果的目的。

参考文献

[1] 马民革. 法学人才培养与刑法教学方法[J]. 国际关系学院学报，2006（4）：7.

[2] 罗丽琳，王怀勇. 基于网络信息平台辅助法学教学的研究与实践[J]. 中国成人教育，2008（3）：134-135

[3] 王平达，郭惠玲. 搭建网络教学平台 拓展法学课的教学空间[J]. 边疆经济与文化，2006（1）：162-163.

[4] 曹绪红. 混合式教学模式在法学教学中的运用——以“劳动法与社会保障法学”课程为例[J]. 法制与社会，2015（12）：236.